U0694126

特殊教育职业院校大学生创业基础

主 编 顾丽霞 王明芳 丁 华
副主编 袁 斐 宋 雯 邢红梅

重庆大学出版社

图书在版编目（CIP）数据

特殊教育职业院校大学生创业基础 / 顾丽霞，王明
芳，丁华主编. -- 重庆：重庆大学出版社，2025.1.
(特殊教育实用新型教材). -- ISBN 978-7-5689-5102-9

Ⅰ. G76

中国国家版本馆CIP数据核字第2024GK4933号

特殊教育职业院校大学生创业基础

TESHU JIAOYU ZHIYE YUANXIAO DAXUESHENG CHUANGYE JICHU

主　编　顾丽霞　王明芳　丁　华

副主编　袁　斐　宋　雯　邢红梅

策划编辑：陈　曦　张慧梓

责任编辑：李桂英　　　版式设计：陈　曦

责任校对：刘志刚　　　责任印刷：张　策

*

重庆大学出版社出版发行

出版人：陈晓阳

社址：重庆市沙坪坝区大学城西路21号

邮编：401331

电话：（023）88617190　88617185（中小学）

传真：（023）88617186　88617166

网址：http://www.cqup.com.cn

邮箱：fxk@cqup.com.cn（营销中心）

全国新华书店经销

重庆正文印务有限公司印刷

*

开本：787mm×1092mm　1/16　印张：13.25　字数：236千

2025年1月第1版　2025年1月第1次印刷

ISBN 978-7-5689-5102-9　定价：48.00元

本书如有印刷、装订等质量问题，本社负责调换

版权所有，请勿擅自翻印和用本书

制作各类出版物及配套用书，违者必究

总　序

党和国家一直高度重视特殊教育发展，近年来一系列政策的出台更加凸显了特殊教育在国家教育事业发展中的位置。党的二十大擘画了新时代教育蓝图，"强化特殊教育普惠发展"彰显着社会主义教育体系的温度与担当。《"十四五"特殊教育发展提升行动计划》明确指出要深化特殊教育课程教学改革，加强特殊教育教材建设。新时代新征程，特殊教育发展已驶入快车道，这对特殊教育人才培养也提出了更高要求。

山东特殊教育职业学院作为一所专门培养特殊教育人才的高等职业院校，始终坚持以服务特殊教育事业发展为己任，紧跟国家政策导向，紧密结合行业需求，积极推进专业建设和教学改革。为适应新时代特殊教育发展新趋势，满足新时代复合型特殊教育专业人才培养新需求，山东特殊教育职业学院牵头组织业内同仁共同编写了这套"特殊教育实用新型教材"。

本套教材的编写，立足于山东特殊教育职业学院高水平学科专业建设的实际需求，紧密结合特殊教育专业人才培养目标，注重理论与实践相结合，突出实用性和可操作性。教材内容涵盖了特殊教育领域的最新理论研究成果、实践经验和发展趋势，力求反映特殊教育学科发展的前沿动态，为高职学生提供系统、全面、实用的专业知识体系。

为确保教材质量，我们组建了一支高水平的编写团队。团队由本校年轻骨干教师、外聘专家教授、兄弟院校学者组成。其中，本校年轻骨干教师具有丰富的教学经验和实践经验，能够准确把握学生的学习需求和特点；外聘专家教授在特殊教育领域具有深厚的学术造诣和丰富的实践经验，能够为教材编写提供权威指导；兄弟院校学者则能够带来不同的视角和经验，丰富和完善教材内容。编写团队成员充分发挥各自优势，精诚合作，力求打造一套理念先进、内容科学、结构合理、特色鲜明的精品教材。

特殊教育事业是一项充满爱心和希望的事业，特殊教育教材建设是一项长期而艰巨的任务。我们将以本套教材的出版为契机，持续深化特殊教育教材建设，一方面，密切关注行业动态与前沿知识，不断更新教材内容，确保知识的时效性与实用性；另一方面，积极探索创新教材形式，借助多元技术手段，让教材更贴合特殊教育需求，更具吸引力与实用性。丛书力求为提升特殊教育人才培养质量筑牢根基，为推动特殊教育事业迈向高质量发展的新高度，贡献源源不断的磅礴力量！

编　者

2025 年 1 月

　　就业是最大的民生。促进残疾人实现较为充分、较高质量的就业，是共建共享经济社会发展成果，逐步实现共同富裕，进一步巩固拓展残疾人脱贫攻坚成果的重要途径。党的二十大把"完善促进创业带动就业的保障制度"列入就业优先战略。残疾人创业培训经过多年的探索和实践，正逐步步入正轨，但针对不同残疾类型的残疾人的创业培训课程还没有形成完善的体系，残疾学生的创业能力还有待提升。编写这本《特殊教育职业院校大学生创业基础》，旨在强化残疾学生创新创业意识，提高其创业能力和素养。

　　本书在学习和吸收先进的教学方法、理念和经验的基础上，尝试构建适合我国国情的、适应残疾学生创业需求的创业实践教学理论体系，围绕创业教育的手段、方法与工具，在如何更有效地开展创业教育上作了深入的探索和研究。

　　本书综合国内外创业成果，立足山东省残疾人创新创业培养实际，结合优秀校友及其他创新创业特色案例，以创业过程为主线，围绕自我认知、创业项目、创业团队、商业模式、产品营销、创业资金、创业实务、创业计划书及相关政策法规等创业要素设计实训项目，贯穿课堂实训、创业大赛、实践实战各环节，形成系统的创业培训体系，旨在帮助残疾学生提高创业技能、提升创业综合素质，进而促进创业理论与实践的有机融合。

　　本书在编写过程中，得到了山东海珍工艺美术品有限公司（已签订共建协议）以及山东工艺美术大师邵海珍的大力支持和帮助，在此表示衷心的感谢。在编写过程中，参阅并适当引用了国内外相关作者的著作、教材及研究成果，在此也一并表示诚挚的谢意。鉴于编者水平有限，书中难免存在不足之处，恳请广大读者予以批评指正。

编者

2024 年 12 月

目　录

项目一　认识创新与创业

学习目标

知识目标：

1. 了解创新及创新思维；

2. 了解创业的内涵及创新创业教育的基本内容。

能力目标：

1. 培养创新思维，提高创新意识；

2. 提升对创新创业教育的认知。

关键概念

创新　创业　创新创业教育

案例导入

一孔值百万

20世纪40年代，美国有许多制糖公司向南美洲出口方糖。方糖在海运中会有受潮现象，这给公司带来巨大损失。公司花了不少钱请专家研究，但始终未解决这个问题。后来，有一位名叫科鲁索的制糖工人，想出一个简单的防潮方法：只要在包装纸上开一个小孔，使空气能够流通，方糖就不会受潮了。其原理就像是大厅里开个排气孔和人们穿留有适当孔隙材质的衣服比较舒适一样。它虽然十分简单，但不容易被人想到。

科鲁索为自己的"打孔"发明申请了专利。后来，一家制糖公司得知后，出价100万美元买下了这个专利的使用权。

思考与讨论：

1. 戳个小孔就值100万美元，这是投机吗？

2. 读完这个故事，你有什么启发？

🔳知识学堂

任务一　认识创新

一、创新内涵

创新，是基于现有的思维模式，提出与众不同的见解。它依托现有的知识与物质条件，在特定环境下，为满足理想需求或社会需要，对事物进行创造或改良，并产生有益成效。

简单概括，创新包含三层内涵：一是更新；二是创造新事物；三是做出改变。

创新的内涵

时代发展呼唤创新。在激烈的竞争中，唯创新者进，唯创新者强，唯创新者胜。作为新时代的大学生，我们必须紧跟时代潮流，不断加强创新学习，才能适应社会发展对创新的要求。积极投身创新实践，努力达成创新目标，从而实现自身的社会价值与历史使命。

二、创新思维

创新思维是创新活动由感性认识到理性思考的飞跃。创新思维的类型多种多样，包括发散思维、逆向思维、联想思维、组合思维、纵向思维、横向思维等，这里简单介绍几种最基本的创新思维类型。

1. 发散思维

发散思维，又称放射思维、扩散思维或求异思维，是指大脑在思维时呈现的一种扩散状态。它表现为思维视野广阔，呈现出多维发散状，如一题多解、一事多写、一物多用等方式。

发散思维的形式主要有：

（1）材料发散。以某个物品为材料，设想它的多种用途。比如以报纸为例，除了阅读，还可以用来包东西、擦玻璃、做手工、引火等。

（2）功能发散。从某一功能出发，设想能实现该功能的各种手段。例如，为了实现照明的功能，可以使用电灯、蜡烛、火把、手电筒、太阳能灯等。

（3）结构发散：以某事物的结构为出发点，设想利用该结构的各种场景。比如，三角形结构具有稳定性，可用于桥梁、塔吊、自行车车架等。

（4）形态发散：以事物的形态（如形状、颜色、声音、味道等）为依据，设想利用这些形态的各种可能性。例如，利用圆形可以设计出车轮、盘子、表盘、呼啦圈等。

创新思维馆

发散思维的训练

1. 扣子可以有哪些用途？请至少回答 10 种。

2. 夏天天气特别热，如何能够快速达到凉快的目的？你能想出多少种解决方法？

2. 逆向思维

逆向思维，又称求异思维，是指打破常规的思维模式，也是对司空见惯的、似乎已成定论的事物或观点进行反向思考的一种思维方式。它要求人们敢于"反其道而思之"，让思维朝着对立面的方向发展，从问题的相反面深入地进行探索，以获得新的认识和解决问题的新方法。

如何进行逆向思维？

（1）结构逆向。从已有事物的结构形式出发，通过对结构的位置、顺序、组成等方面进行反向思考，设计出全新结构的思维方式。比如，在传统的汽车发动机设计中，气缸通常是直立排列的。但有些汽车设计师运用结构逆向思维，设计出水平对置式发动机，气缸呈水平相对排列，降低了汽车重心，提高了车辆行驶的稳定性。

（2）功能逆向。针对事物已有的功能，往相反的方向进行思考，寻求新的功能或对现有功能进行拓展、改造。例如吸尘器工作原理是通过电机转动产生吸力，将灰尘吸进集尘盒，而有人运用功能逆向思维，发明了吹尘机，它通过吹出强大的气流来清理灰尘，比如可以清理电脑键盘缝隙中的灰尘。

（3）因果逆向。将事物的原因和结果相互颠倒，从结果出发去寻找新的原因，进而引发新的创意和解决问题的方法。例如在传统医学治疗中，通常是先诊断病因，然后针对病因进行治疗。但在一些情况下，医生会运用因果逆向思维：当患者出现某种症状后，先采取措施缓解症状，然后再通过观察症状缓解后的身体反应来推断病因，这种方法在紧急情况下可以更快地为患者提供治疗。

创新思维馆

他该怎么说？

传说古代有位残暴的国王，有一次抓到一个反对他的人，国王一定要将这个人处死。国王虽然心里想将反对者处死，但表面上还装出仁慈的样子："让上帝来决定这个可怜人的命运吧，我允许他在临刑前说一句话，如果他讲的是真话，那么他将受刀斩；如果他讲的是假话，那么他将被绞死；如果他的话使我缄默不言，那就是上帝的旨意让我赦免他。"在这番冠冕堂皇的话语背后，国王有他的如意算盘：尽管话是由你说的，但判定真假还是由我，所以，该刀斩还是绞死不就是凭我一句话嘛。

请你想一想，反对者应该说句什么话，才能救自己一命呢？

3. 联想思维

联想思维是指人脑记忆表象系统中，某种诱因导致不同表象之间发生联系的一种没有固定思维方向的自由

联想思维的训练

思维活动。它是一种由此及彼、由表及里的思维过程，能够帮助人们突破时间和空间的限制，从一个事物联想到另一个事物，从而获得新的认识和灵感。

联想思维的类型主要有：

（1）接近联想。是指时间或空间上接近的事物容易形成联想。比如，提到春节就容易联想到春联、红包、年夜饭。

（2）相似联想。基于事物之间的相似性进行联想。例如，由飞机联想到鸟儿，是因为它们都能在天空中飞行；由蜡烛联想到老师，是因为蜡烛燃烧自己照亮别人的特点与老师无私奉献的精神相似。

（3）对比联想。由某一事物联想到与其具有相反特点的事物。比如，由黑暗联想到光明，由寒冷联想到温暖，由成功联想到失败。

（4）因果联想：根据事物之间的因果关系进行联想。例如，看到乌云密布，就会联想到即将下雨，因为乌云是下雨的常见原因。

创新思维馆

联想思维的训练

1. 在两个没有关联的信息间寻找各种联想，将它们联结起来。例：粉笔—原子弹。粉笔—教师—科学知识—科学家—原子弹。

（1）足球—讲台
（2）黑板—聂卫平
（3）汽车—绘图仪
（4）油泵—台灯

2. 分别在下面每题的字上加同一个字，使其组成不同的词。

（1）自、睡、味、触、幻、感
（2）阔、大、博、东、告、场

创业训练营

你的创新思维能力怎样？

下面是 10 个题目，如果符合你的情况则回答"是"，不符合则回答"否"，拿不准则回答"不确定"。

（1）你认为那些使用古怪和生僻词语的作家纯粹是为了炫耀。

（2）无论什么事情，要让你产生兴趣，总比让别人产生兴趣困难得多。

（3）你不看好那些经常做没把握的事情的人。

（4）你常常凭直觉来判断问题正确与否。

（5）你善于分析问题，但不擅长对分析结果进行综合、提炼。

（6）你的审美能力较强。

（7）你的兴趣在于不断提出新建议，而不在于说服别人去接受这些建议。

（8）你喜欢那些埋头苦干的人。

（9）你不喜欢提那些显得无知的问题。

（10）你做事总是有的放矢，不盲目行事。

评分标准：

题号	"是"评分	"不确定"评分	"否"评分
1	−1	0	2
2	0	1	4
3	0	1	2
4	4	0	−2
5	−1	0	2
6	3	0	−1
7	2	1	0
8	0	1	2
9	0	1	3
10	0	1	2

评价：

得分 22 分以上，说明被测试者有较高的创新思维能力，适合从事环境较为自由，没有太多约束，对创新性有较高要求的职业，例如美编、装潢设计、工程设计、软件编程等。

得分 11~21 分，说明被测试者善于在创造性与习惯做法之间找到平衡，具有一定的创新意识，适合从事管理工作，也适合从事其他与人打交道的工作，例如市场营销等。

创新思维案例

得分 10 分以下，说明被测试者缺乏创新思维能力，做事总是循规蹈矩、有板有眼、一丝不苟，适合从事对纪律性要求较高的职业，例如会计、质量监督员等。

任务二　认识创业

一、创业

创业是指通过发现和识别商业机会，组织各种资源，提供产品或服务，从而创造价值的过程。

创业必须要付出时间、努力，并且要承担财务的、精神的或社会的风险。创业是就业的另一种表现形式，创业不但为自己创造了就业机会，也为他人提供了就业岗位。

大学生自主创业具有重要意义，对个人和社会发展都有积极影响。

1. 对个人的意义

（1）实现自我价值。通过努力创建和经营自己的企业，能够把个人的知识、技能和才华充分发挥出来，创造出有价值的产品或服务，得到社会的认可，从而获得成就感，实现自我价值。

（2）培养综合能力。创业过程中，大学生需要承担多种角色，处理各类事务，这有助于培养和提升综合能力。比如制订商业计划，能锻炼逻辑思维和规划能力；与客户、供应商沟通交流，可提高人际交往和沟通能力；应对各种突发问题和挑战，能增强应变和决策能力。

（3）积累人生经验。自主创业是一个充满挑战和不确定性的过程，大学生在这个过程中会经历各种困难和挫折，如资金短缺、市场竞争激烈、团队管理问题等。这些经历将成为宝贵的人生财富，让大学生在未来的生活和工作中更加成熟自信，能够更好地应对困难和挑战。

（4）实现经济独立。成功的创业项目可以为大学生带来经济收入，让其实现经济独立。这不仅可以减轻家庭的经济负担，还能让大学生们在经济上更加自由，为自己的未来发展提供更多的选择和机会。

2. 对社会的意义

（1）缓解就业压力。随着高校毕业生人数逐年增加，就业竞争日益激烈。大学生自主创业不仅为自己创造了就业机会，还可以吸纳其他毕业生就业，从而在一定程度上缓解社会的就业压力。

（2）推动创新发展。大学生通常具有较高的知识水平和创新意识，在创业过程中更容易引入新的技术、理念和商业模式，推动行业的创新和发展。例如，一些大学生创业团队在互联网、人工智能、生物医药等领域取得了创新性的成果，为社会的科技进步作出了贡献。

（3）促进经济增长。新的创业企业往往能够创造新的市场需求，带动相关产业的发展，从而促进经济增长。创业企业的发展还会吸引更多的投资和资源，进一步推动区域经济繁荣。

（4）培养创业文化。大学生自主创业的成功案例可以起到示范和带动作用，激发更多年轻人的创业热情，在社会上营造一种鼓励创业、支持创业的良好氛围，培养创业文化，促进创业生态系统的完善。

二、大学生创业的优势与劣势

1. 优势

（1）热情无畏，创业动力强劲。大学生朝气蓬勃，在创业之路上展现出十足的干劲和冲劲，这种热情是推动创业项目前进的强大动力。

（2）知识深厚，技术优势突出。大学生积累了扎实的理论知识，能够在专业领域内展现出较高的技术水平。这使得他们在创业时，尤其是在技术密集型的项目中，具备一定的竞争优势。

（3）思维活跃，敢于突破传统。大学生思维活跃，不受传统观念和既定模式的束缚，富有创新意识。他们敢于挑战传统行业和观念，能够为市场带来新的产品、服务和商业模式，为创业项目注入新的活力。

（4）政策扶持，创业成本较低。国家高度重视大学生创业，出台了一系列优惠政策，从资金支持到税收减免，给予全方位的扶持。同时，许多高校内部设有创业孵化园、创业基地等，为大学生提供了免费或低成本的办公场地、设备和技术支持，大大降低了创业的门槛和成本。

2. 劣势

（1）经验匮乏，心理准备不足。由于缺乏社会阅历，大学生在创业过程中往往对困难和挑战估计不足，容易盲目乐观。当遇到实际问题时，可能没有足够的心理准备来应对，从而影响创业的进程。

（2）急于求成，商业能力欠缺。部分大学生在创业时急于取得成功，缺乏对市场的深入了解和分析，以及必要的商业管理经验。他们可能忽视市场需求和竞争状况，在经营决策上出现失误，导致创业项目难以持续发展。

（3）认知偏差，忽视实际效益。一些大学生对创业的理解存在偏差，过于追求新奇和创意，而忽略了项目的实际社会价值和经济效益。他们的创业项目可能在技术或概念上很新颖，但缺乏市场需求和盈利能力，难以实现商业目标。

（4）心理脆弱，易因挫折放弃。创业过程中难免会遇到各种挫折和打击，而大学生由于心理承受能力相对较弱，在面对困难时容易产生消极情绪，甚至放弃创业梦想。这种缺乏韧性的表现，可能使他们错过创业成功的机会。

任务三　大学生创新创业教育

一、创新创业教育概述

创新创业教育是一种为适应时代发展需求而产生的教育理念和教育模式，旨在培养具有创新精神、创业意识和创新创业能力的人才。创新创业教育通过课程教学、实践活动、模拟训练等多种方式，激发学生的创新思维，培养学生的创业意识和创业技能，使学生具备在未来社会中发现机会、创造价值的能力。它不仅面向想要创业的学生，而是面向全体学生，旨在提升综合素质和竞争力。

通过接受创新创业教育，每一位具备创业意识和技能的大学生都会成为潜在的创业成功者。

随着高校改革不断深入，很多高校都开设了创新创业课程，并将其纳入了大学生的必修课。创新创业课程是高校教育改革的一个亮点，既能帮助大学生了解企业运营的一般流程，也可以给即将毕业的学生提供提前认识和了解社会的机会。

二、大学生创新创业教育基本内容

1. 意识培养

启发学生的创新意识和创业精神，使学生了解创新型人才的素质要求，了解创业的概念、要素与特征等，使学生掌握开展创业活动所需要的基本知识。

2. 能力提升

解析并培养学生的批判性思维、洞察力、决策力、组织协调能力与领导力等各项创新创业素质，使学生具备必要的创业能力。

3. 环境认知

引导学生认知当今企业及行业环境，了解创业机会，把握创业风险，掌握商业模式开发的过程、设计策略及技巧等。

4. 实践模拟

通过撰写创业计划书和开展模拟实践活动等，鼓励学生体验创业准备的各个环节，包括创业市场评估、创业融资、创办企业流程与风险管理等。

⭐ **拓展阅读**

中国国际"互联网＋"大学生创新创业大赛

中国"互联网＋"大学生创新创业大赛是由教育部与地方政府、各高校共同主办的一项技能大赛。比赛旨在深化高等教育综合改革，激发大学生的创造力，培养造就创新创业的青年主力军；推动赛事成果转化，促进"互联网＋"新业态形成，服务经济提质增效升级；以创新引领创业、创业带动就业，推动高校毕业生更高质量创业就业。

大赛积极推动参赛项目从创意到实践的转化，为经济发展注入新活力，许多优秀项目在大赛中脱颖而出并获得进一步发展机会。中国国际"互联网＋"大学生创新创业大赛已经成为推动社会创新发展和培养未来创业人才的重要平台。

👥 **思考练习**

1. 思考如何提升自己的创新思维。

2. 大学生创业的优势和劣势分别有哪些？

⭐ **实训练习**

训练项目 1　创业评估与分析

有创业想法或准备开始创业的大学生们，不妨先做一个创业测评，通过测评来看看自己是否具备创业的前提条件，进行查漏补缺，及早规划自己的创业之路。

（1）你知道自己为什么想创业吗？

是□　　　　　　　　　　　　否□

（2）你有强烈的创业动机吗？

是□　　　　　　　　　　　　否□

（3）你平时做事很自信吗？

是□　　　　　　　　　　　　否□

（4）你觉得遇到难题后，自己的决策力强吗？

是□   否□

（5）你认为自己当前具备一些基本的管理、营销和财务知识吗？

是□   否□

（6）你觉得自己平时好学吗？

是□   否□

（7）你具备领导能力吗？

是□   否□

（8）你平时遇到冒险的事情，敢于走在别人的前面吗？

是□   否□

（9）你认为自己是一个负责的人吗？

是□   否□

（10）你认为自己具备开拓进取的精神吗？

是□   否□

（11）你的人脉关系广吗？

是□   否□

（12）你有能力带领和运作一个团队吗？

是□   否□

（13）你平时思考问题有创新性吗？

是□   否□

（14）创业人之间发生矛盾时，你会坚持原则据理力争吗？

是□   否□

（15）你认为创业公司的财务预测中，最重要的是销售增长吗？

是□   否□

（16）你认为创业成功的关键是资金实力吗？

是□   否□

（17）开始创业后，你认为第一件事是着手研发产品吗？

是□   否□

当"是"多于"否"时，说明你已经具备一定的创业条件了，可以尝试进行创业；

反之，则应慎重选择创业。当然，这个结果不是绝对的，创业条件可以通过自己的努力来创造并改善。

训练项目 2　你的商业创意

结合你生活中的观察与本项目学习的内容，提出 3~5 个具有一定可行性的商业创意，并阐述运用了哪些创新思维与方法。

示例：

我的商业创意是……

我是如何思考的？

我的目标群体是……

我想要达成怎样的商业目标？

项目二　创业项目

知识目标：

1. 了解创业项目的种类和特点；

2. 掌握创业项目选择的原则；

3. 掌握创业项目考察的内容；

4. 掌握创业项目选择的步骤。

能力目标：

1. 能够遵循创业项目选择的原则；

2. 能够认真考察各类创业项目；

3. 能够选择适合自己的创业项目。

关键概念

项目　原则　选择

案例导入

偏门冷门生意：社区热捧"老年人小饭桌"

天津市河东区万福敬老院办起了"老年人小饭桌"，社区老年人可以只吃饭不住宿，这既能使老年人得到社会服务，又能满足家庭的养老需求，还能使子女安心工作。

老年人每天到敬老院参加各种文体活动，中午或晚上在敬老院用餐，吃饱了、玩好了，晚上再回家睡觉。目前已有一大批老年人报名参加，成为流动养老族中的一员。

思考与讨论：

"老年人小饭桌"是如何发起的？

知识学堂

任务一　创业项目的产生

一、创业项目的分类

大学生要想成功创业，首先要明确自己想要干什么，也就是需要选择一个合适的创业项目。所谓创业项目是指创业者为了达到商业目的具体实施和操作的项目。创业项目分类很广，按照行业可以分为餐饮、服务、零售等门类，按照性质可以分为互联网创业项目和实体创业项目。更广泛地讲，加盟一个品牌，开一间小店，也算是一个创业项目。

1. 从观念上划分

从观念上来看，创业项目分为传统创业和创新创业。

传统创业是指那些在传统的行业，例如餐饮、房地产、服装等筹集资金投资，建立工厂，生产产品，为消费者提供产品或服务的创业者。创新创业是指基于技术创新、产品创新、品牌创新、服务创新、商业模式创新、管理创新、组织创新、市场创新、渠道创新等方面而进行的创业活动。

2. 从方法上划分

创业项目案例1

从方法上来看，创业项目分为实业创业和网络创业。

实业创业是指依托于实体经济，创办实体企业。实体企业通常是一些生产、制造及科技型企业，一般都有许多下属企业。网络创业是基于网站运营、网店经营产生的

一种新型创业形式，通过互联网来创造商机。大多数网络创业者是从事 IT 行业的青年人，因此网络创业也是一种具有勃勃生机的创业形式。

3. 从投资上划分

从投资上来看，创业项目分为无本创业、小本创业和微创业。

无本创业是指无须投入或几乎可以忽略成本的创业项目。小本创业是指没有足够的资金投资创业的人通过有限的资金来达成创业的行为，显著特点是投资少、风险小。微创业指用微小的成本创业，或者在细微的领域创业，以及利用微平台或者网络平台进行新项目开发的创业活动。

4. 从方式上划分

从方式上来看，创业项目分为自主创业、加盟创业和体验式培训创业。

自主创业是指劳动者主要依靠自己的资本、资源、信息、技术、经验以及其他因素创办实业，解决就业问题。加盟创业是采用加盟的方式创业。加盟商（受许人）与连锁总部（特许人）之间形成一种契约关系，根据契约连锁总部向加盟商提供一种商业经营特许权，并给予人员训练、组织结构、经营管理、商品采购等方面的指导和帮助，加盟商向连锁总部支付相应的费用。体验式培训创业类似于创业模拟，从中可以积累创业经验。

二、创业项目的寻找

创业项目的寻找途径包括以下几类：

（1）通过朋友介绍以及口碑效应；

（2）通过广告以及自己的了解；

（3）另辟蹊径发现创业新商机；

（4）通过创业咨询公司的分析与调查了解创业项目；

（5）通过互联网寻找。

三、创业项目的特点

一般来讲，一个好的创业项目具备以下 8 个方面的特征。

1. 产品好卖

把产品卖出去，把钱收回来，这才是赚钱的生意。如果产品不好卖，再多的投入、再大的努力都没有用。

2. 市场够大

没有足够的市场，没有发挥的余地，项目就很难做大。

3. 利润空间大

利润空间不够大，毛利太薄，很难赚到钱，甚至不但要赔钱，还要贴人工进去。

4. 趋势特征明显

要把握好趋势，进场早了，开发市场成本太高；进场晚了，市场竞争大。

5. 收入持续保障

看重眼前利益的短平快项目很难真正赚到钱。真正赚钱的好项目是持续收益的，一年比一年轻松，一年比一年多赚。

6. 业务模式好

赚钱要靠模式，赚钱要有方法！业务模式的好坏直接关系到赚钱的多少。

7. 品牌效应突出

做生意要懂得借力借势，要会选项目，关键还要选中有潜力的品牌，这需要敏锐的判断和独到的眼光。

8. 培训支持到位

创业项目案例 2

创业毕竟是有方法的，成功一定有方法，失败一定有理由！自己摸索，事倍功半；培训引导，事半功倍。所以，好项目还需要好的培训、支持和服务。

案例分析

卖馄饨算创业吗？

毕业于某职业院校的小雪，一直想到南方去"闯一闯"。2019 年她辞去家乡电子厂的工作，去了广州，可是赶上许多企业在裁员，很少有企业招聘。在找不到工作的情况下，小雪凑了点钱，在一所学校附近租了间房，卖起了千里香馄饨，同学们都说她挺能干，可她自己却苦笑着说："我这哪叫创业啊，这叫谋生啊！"……

请你想一想，小雪的经历算不算创业？如果算，属于哪种类型的创业？

任务二 创业项目的选择

一、创业项目选择的原则

不论你的具体情况怎样，选择创业项目，必须遵循以下原则：

1. 选择项目是"找伙伴"

选择项目就是选择一个长久的伙伴。任何项目都有一个孕育、出生、发育的过程，这是自然过程。创业者对具体项目，有一个认识、理解、把握的过程，这是历史过程。这决定了创业的过程是人与项目相互融合的过程，同时决定了选择项目必须立足长远。即便你的选择符合人们公认的原则，比如：发现了潜在的需求，找到了市场缝隙，项目有附加值、有特色，那也只是走完了"万里长征"的第一步，今后的每一步都需要人与项目的融合。

创业项目案例 3

2. 选择项目是"选自己"

选择项目是开创自觉的人生，标志着把握自己命运的自主意识的萌生。许多人未必知道选择项目是迈向成功的起点。选择项目，是创造一个切入社会的端口，找到一个与社会结合的点。这就需要"知己知彼"，"知己"，就是要清醒地审视自己：优势、强项、兴趣、知识积累与结构、性格与心理特征等；"知彼"，就是对社会未来发展趋势的认识：稳定的、恒久的、潜在的需要。只要能够对潜在的趋势和需求敏感，就会比别人快上一步。因为当此种需求显露的时候，你已经是有准备的人。

3. 选择项目要花工夫

选择项目不可随随便便，必须以慎重的态度对待，经过充分的论证。选择项目要舍得花时间，用几个月甚至一年时间都是值得的。要舍得花气力，严格地审视自己，慎重地判断社会走向，捕捉初露的苗头。要能够静下心，认真调查研究，寻找事实根据。只有这样，才能使目标坚实可靠，全力以赴，在奋进的途中不犹豫、不徘徊、不动摇，不因挫折而心猿意马、改弦更张。

4. 选择项目要整合加特色

选择的项目一定要有"根"，就是项目生命的根基、生存的条件、站住脚的基石。争夺市场份额的内生力量，可以通俗地表述为 4 句话：别人没有的；先人发现的；与人不同的；强人之处的。例如，"别人没有的"，可以是某种资源与某种特定需要的联系，可以是某种公认资源的新商业价值，可以是温度湿度、土壤成分、地理位置等方面的独特性。一个走亲戚的人发现附近的山上有白色的土，是一种可以制作陶器的土。他进一步了解到附近有铁路，于是买下了这块有陶土的地，把土晾干磨成粉——卖起陶土来了。再比如，"强人之处的"，一个项目不论哪个方面高人一筹、优人一档、强人一处，就是"根"。这可以是质量、功能、外观、设计、成本、经验、模式等方面的优势。

⭐ 拓展阅读

适合大学生的创业项目

对于想创业的大学生来说，最好是依托自身的优势起步，逐渐提高创业活动的层次。大学生创业者了解年轻人市场，有较强的信息搜集能力和丰富的创意等优势，有助于找到适合自己的创业机会。这里总结了 7 种大学生创业的机会。

1. 满足大学生学习和生活需求的产品和服务

大学生创业者对学生市场的需求最为了解，这是多数大学生创业时首先考虑到的方向。创业者可以通过回顾自己在大学生活中遇到的问题，或访谈在校大学生，了解大学生的各种重要需求，然后从中挑选出最适合自身的创业机会。做校园代理是常见的大学生创业方式，例如，在考研、考证、旅游、办理手机卡等方面开发和提供大学生常用的产品和服务。这些业务的成本和风险也相对较低。

2. 特色零售店或服务项目

零售和服务行业的进入门槛不高，对资金、技术和团队的要求较低，服务的对象又非常广泛，随着消费需求的持续变化，商业机会层出不穷，每年都会有新的模式和新的企业迅速崛起，适合于多数大学生创业。零售和服务行业最需要的就是商业模式和服务的创新。创业者把自己的独特创意融入其中，就有可能开创出新的零售模式或特色服务项目。例如，在长沙市太平街上有一个特色小店，该店主要销售年轻人喜欢的各种个性化小玩意，店里的特色服务项目——蜗牛慢递非常有创意。蜗牛慢递的特色在于产品具有创意，包括有形和无形的产品，并且客户可以任选产品送达时间。

3. 网上开店或网络服务

大学生对互联网非常熟悉，互联网上的创业机会也非常丰富。最常规的网上创业就是开网店卖自有产品或代销。例如，浙江省义乌工商学院就非常鼓励甚至要求学生开网店进行网上创业。网上开店的秘诀在于透彻理解网上购物行为，合理规划产品品类，高水平地展示产品，积极管理客户评价等方面，以此达到提高网店利润的目的。大学生还可以创造特色的网络服务，以低成本满足客户需要。例如，财客在线就是面向年轻人理财记账的需要，通过会员付费和广告收入来盈利。

4. 处于同质商品阶段的小产品的品牌化经营

成熟行业给大学生的创业机会比较少，因为行业格局已经形成。只有一些零散型的产业才有创业的机会，例如处于商品化阶段的日常用品或农产品。这些小产品的行业内竞争层次很低，产品同质化，价格接近，很难做大企业和打造品牌，企业的利润也很微薄。创业者需要转换经营思路，进行品牌化运作，将产品的档次提升，甚至加入一些创意元素。创业者可以从杯子、镜子、梳子、玩具等日用品以及农产品中选择创业项目，将小产品打造成特色品牌。这类创业的门槛比较低，风险也不高，需要大学生以高端化或回归自然的品牌运作来从小产品中开发出大市场。

5. 提供个性化的产品或服务

现代消费者对于产品或服务的个性化要求越来越高，收入水平的提高和市场需求的多样化，为个性产品或服务的需求提供了坚实的购买基础。年轻一代的消费者对个性化产品或服务的需求更高、更敏感。这类创业要想成功，关键在于快速和准确掌握市场需求的能力，而大学生在这方面具有天然的优势。创业者除了需要把握基于个性化需求的定位，还需要从商业模式上进行创新，在提供个性化服务的同时寻求规模化经营，并保持较低的成本。个性化的创业可以通过将其他行业的特点引入新行业中，满足客户的多重需求，开发出全新的市场，形成新的商业模式。通过引入个性化的元素使传统产业释放巨大活力。

6. 开发具有技术含量的新产品

大学生创业者可以以创新技术作为创业的关键资源，开发新产品，组建公司来生产和销售创新产品（或提供技术服务）。新产品的开发很难单独依靠某个人获得成功，往往需要一个团队来协作开发，一般以导师为核心的研究团队开发出更高技术含量的新产品的可能性更大。如果创业者自身无法开发新产品，那么就要寻找可以合作创业的研发人员，这是创业者与研发人员的能力互补。这类创业有机会获得政府的大力支持，尤其是与政府产业扶持政策相关的战略性新兴产业和其他重点产业创业项目有可能成为政府关注与扶持的典型创业项目。

7. 国外最新成功模式的移植

用历史的眼光来看待经济和技术的发展，找出不同经济阶段的典型商业形态，从而借鉴其他国家把握这些机会的成功商业经验。在服务行业，借鉴其他国家的成熟商业模型具有价值，研究他们成长的轨迹和成败的原因也有益处。在高科技领域（尤其是互联网行业），国内创业者可以积极跟进其他国家的新技术和新商业模式，并在学习中进行再创新。

二、创业项目的考察

1. 正当性

对项目方正当性的考察主要包括：

（1）项目方是否有工商登记，项目方的工商登记是否在有效期内；

（2）辨别项目方所持执照是否为项目方本人所有；

（3）按国家对加盟连锁的有关规定，项目方必须满足"2+1"的条件（拥有 2 个直营店，经营 1 年以上）才可以对外招商，这是国家为保护投资者利益出台的专门政策。

2. 可信性

鉴于加盟连锁骗局连连发生，部分投资者损失惨重，在考虑加盟之前，有必要对项目方进行可信性考察。考察的内容主要包括：

（1）项目方提供的办公地址是否真实，是否与营业执照上的地址一致；

（2）项目方是否经营过别的企业，进行过别的项目招商，结果如何；

（3）项目方是否故意夸大其词，做虚假广告，虚报店面数量、营业额等数字。

3. 风险性

投资者一定要对项目的风险性进行充分的考察，考察的内容主要包括：

（1）对项目可行性的考察；

（2）对项目先行者的考察；

（3）了解项目方在知识产权方面（技术、商标等等）和品牌方面是否存在纠纷，是否拥有完全的所有权；

（4）了解项目方的禁忌。

4. 持续性

对于投资者来说，好不容易选对了一个项目，当然希望能够比较长时间的经营，给自己带来效益。为此，投资者还需要对项目方的运作进行可持续性方面的考察，考察的内容主要包括：

（1）项目方运作是否规范；

（2）如需配送，配送设备是否完整、先进。

5. 扩张性

谁都希望生意越做越大，如果一个项目做上三五年，仍旧只能是七八平方米的店面，每个月几千元的收入，就说明这样的项目缺乏扩张性。考察的内容主要包括：

（1）从高层次说，项目方是否拥有将事业做大的决心，是否拥有长期的战略规划；

（2）从低层次说，项目方在市场扩张上是否能够为投资者提供强有力的支持。

6. 延伸性

在对项目方进行考察的时候，除了要考察项目主导人的人品、性格、经历、知识结构、拥有的企业资源和社会资源外，还要着重考察项目方团队的形象、素质等内容。

总的来说，对项目包括项目方的考察是一件非常细致的事情，需要投资者有良好的耐心和足够的敏锐度。

三、创业项目选择的步骤

1. 排除一大片

知道什么事情是不可以做的。有个地方有 100 户人家，每家有 1 元钱，即使你有很大本事，把所有人家的所有钱都赚来了，也只能赚到 100 元。还有个地方有 100 户人家，每家有 1 万元，即使你本事不大，只能把 1/10 人家的 1/10 的钱赚来，也能赚到 1 万元。

2. 画出一个圈

知道哪些事情是能长期做的。把社会恒久需要的、已初露端倪的大趋势划进来。圈子里的事才具有发展的空间与时间。空间意味着有发展的广阔天地，时间意味着可以长期地做下去。以趋势为例，任何一种趋势都是一个长长的链条，环环相扣。只要能够抓住其中的一个环节，项目的前景便大体确定了。例如，环境保护引发治理江河，导致关闭中小造纸厂，产生纸制品的供求不平衡，腾出了一块市场。如果用再生纸做资源去填补，会怎么样呢？

3. 列出一个序

把可能做的事情排列起来。回头看看过去的 20 年中，做强、做长的企业生存在哪些行业，这样很大程度上能够证实行业与发展的联系。例如房地产、医药、保健品、证券市场、建材、装修、交通、教育、通信等。那么，就把大的范围圈定在这里，选出若干项。

4. 切入一个点

成就事业的公认法则是集中和持续。让生命之火在一点上持续地燃烧，不发光才是奇怪的事。在已经缩小的范围内，可做的事仍然很多，这时该把审视的目光转向自己了，可以采用比较优势原理进行判断——认真地审视自己的强项、优势、兴趣何在，可能同时有几个，要判断出与他人比较哪个优势是最有利的。机会成本的概念对判断也是有用的——分析在同样多的时间、同样的付出的前提下，哪个能力所对应的事业会有更大的前景收益，以此在比较中选出最有优势的项目。

项目选择固然重要，但还需要记住：再好的项目也要靠创造性的艰苦努力才能实现。

四、如何选择和确定自己的项目

1. 选择稳妥，要注意面对竞争

从个人的实际条件出发，选择投资少、风险小、回报快的一般项目，往往是多数创业者的做法。但要知道，正因为其较为稳妥，做的人就多了，竞争就激烈了，生意也就更难做了。你必须考虑以什么样的手段与特色去参与竞争。

2. 选择厚利，要考虑自身的条件

从市场提供的机会出发，选择获利丰厚、发展空间较大的项目。但需考虑自己的条件，例如资金实力、行业经验、社会关系等，要能与所选的项目相适应。

3. 选择跟风，切勿盲目冲动

看到别人做得好，销售火爆，自己也跃跃欲试。有现成的热门商机固然好，但须谨慎。要认真做调查分析，考量自己跟别人条件的差异，切忌盲目跟风。

4. 选择配套，要关注"东家"的动机

挂靠在别的大企业之后，为它们做配套，拾遗补阙，比较省心、省力。但上游企业的约束和控制也会较大，它们的风吹草动，都会对项目造成较大的影响。要协调好跟"东家"的关系，要注意"东家"的动向。

5. 选择熟悉，要扬长避短

俗话说："隔行如隔山"，选择项目首先要选自己熟悉的，还要根据自己的能力与素质扬长避短。如果你去从事一种自己不懂或不太熟悉的新行业，风险太大。

总之，选择项目要认真考虑三个方面的情况：

一是市场的需要；二是有没有竞争力；三是条件够不够。

要做好市场调查与可行性分析，选择一个既有利可图又适合自己的项目，一步一个脚印地往前走，做实、做好、做大自己的事业。

思考练习

1. 创业项目的特点是什么？

2. 考察创业项目的原则是什么？

实训练习

训练项目 1　你想创业的项目

选择一个你想创业的项目，分析有哪些竞争对手，并提出你的竞争策略。

条目	名称 / 内容	优势	劣势
你的创业项目			
直接竞争对手			
间接竞争对手			
替代性竞争对手			
潜在竞争对手			
你的竞争策略			

训练项目2 一分钟自我推销

1. 时间：20 ~ 40分钟。

2. 任务：介绍我是谁（包括姓名、来自哪里、个人兴趣特长、对专业的理解、对课程学习的认识和期望）。

3. 程序：

（1）上台问候。跑步上台，站稳后向所有人问好。注意面带微笑，展现热情。

（2）正式演练。自我推销介绍，注意音量、站姿、介绍顺序、肢体动作等。

项目三 创业团队

学习目标

知识目标：

1. 掌握组建创业团队的基本知识；

2. 了解初创企业的股权设计及退出机制。

能力目标：

1. 培养学生团队协作的能力；

2. 尝试组建自己的创业团队。

创业者

关键概念

合伙人 创业团队 股权设计

案例导入

如何组建创业团队？

小李是一名头脑灵活、敢闯敢干的大一新生。在学校开设的"大学生创业基础"课上，他在听老师讲同学之间可以组建团队，建立创业项目，参加创新创业大赛并将项目落地后眼前一亮，立刻着手组建起创业团队来。

由于小李在学校小有名气，他想要组建创业团队的消息不胫而走，很多同学主动找到他要加入他的创业团队，有同宿舍的其他 5 名同学，相互比较了解，沟通起来也比较方便；有小李的高中同学，在另外一个学院学习工商管理专业；还有班里一个性格内向，但是做事情很认真的同学。小李这回可犯了愁，团队成员数量有限，该和哪些同学组建团队呢？

思考与讨论：

1. 如果你是小李，会和哪些同学合作呢？请说明具体理由。

2. 组建一个创业团队，需要考虑哪些问题？

📋 知识学堂

任务一　创业者与合伙人

万通六君子创业中的矛盾

一、创业者

创业者是指发现新的商业机会，并敢于投入时间、精力和资源，承担相应风险，创造新价值的个体或群体。他们通过整合各类资源，如资金、技术、人力等，将商业创意转化为实际运营的企业或项目，由此创造社会效益和经济价值。

自 2010 年以来，中国初创企业数量每年以近 100% 的速度增长，每天诞生的新公司多达 4000 家。但是调查研究显示，中国创业企业的失败率为 86.7%，企业平均寿命不足 1.6 年，而大学生创业失败率更超过 95%。面对如此高的创业失败率，创业者凭什么相信自己能够成功？创业者究竟应该具备哪些特质和能力？

📋 拓展阅读

李开复：创业者需要具备的十项能力

在李开复看来，一个好的创业者需要具备十项能力：

（1）强烈的欲望；

（2）超乎想象的忍耐力；

（3）开阔的眼界；

（4）善于把握趋势又通人情事理；

（5）敏锐的商业嗅觉，即商业敏感性；

（6）拓展人脉；

（7）谋略；

（8）胆量；

（9）与他人分享的愿望；

（10）自我反省的能力。

李开复认为，如果一个创业者可以具备以上条件并长久坚持，那么就至少具备60%的成功要素了。如果你想创业或正在创业的路上，别忘了对照以上十点加以"修炼"，相信你离成功会更近。

虽然成功的创业者风格各异，但他们也有相似的素质。他们的特质和能力是创业成功的基础，也是投资人看重的投资条件。因此，在开始创业之前，不妨认真分析一下自己；在创业过程中，也要有针对性地提升自己的创业能力。

二、寻找合伙人

合伙人是指投资组成合伙企业，参与合伙经营的组织和个人，是合伙企业的主体。合伙人简单来讲就是"合在一起，成为一伙"，成为风险共担、收益共享的合作伙伴。这种紧密的合作关系对于创业者来说是极大的挑战。

创业者如何找到合伙人？

1. 要知道自己的优点和缺点

个人创业是有困难的，需要合伙人的原因就是需要依靠团队的协作能力。知道自己的优点和缺点才知道该从哪些人才上着手，才能找到和自己互补的合伙人。

2. 结交更多的朋友

结交更多的朋友一方面可以使自己的视野更加开阔，另一方面也可以从这些朋友中找到志同道合的人来和自己一起创业。这样找到的合伙人更加忠诚和可靠。

3. 开展合伙人招募活动

通过线上招聘和线下招聘的形式来寻找合伙人也是一种很好的方式，并且效果也比较明显。虽然招募活动会花费一部分创业资金，但是值得的。

4. 请猎头公司招募合伙人

如果自己的创业项目很好的话，可以请专业的猎头公司来帮助招募合伙人。专业的事情交给专业的人来做，会让自己的创业团队吸引更多的人才。通过猎头公司招募来的合伙人大部分都是比较适合的。

任务二　组建高效的创业团队

一、创业团队

团队是由两个或两个以上具有不同技能、知识和经验的人所组成，具有特定的工作目标，通过成员的协调、支援、合作和努力共同完成目标的组织。团队成员间相处融洽并乐于在一起工作、互相依靠、技能互补、成果共享、责任共担。

创业团队是一群有着共同目的、共享创业收益、共担创业风险的创建新企业的人，即初始合伙人团队。

二、选择创业团队成员

《西游记》中由唐僧率领的"取经团队"被认为是一支"黄金组合"的创业团队。团队中的四个人的性格各不相同，却都有着不可替代的优势。例如，唐僧慈悲为怀，使命感很强，有组织能力，注重行为规范和工作标准，是团队的主管和核心；孙悟空武功高强，是取经路上的先行者，能迅速理解、完成任务，是团队的业务骨干和铁腕人物；猪八戒看似实力不强，又好吃懒做，但是他善于活跃工作气氛；沙僧勤恳、踏实、平时默默无闻，关键时刻能稳定局面。

关于如何选择创业团队成员，"唐僧团队"给了我们十分重要的启示。一个优秀的创业团队无外乎涉及四个维度：集体精神、分享认知、共担风险、协作进取。

创新思维馆

《西游记》中的领导者

《西游记》里的师徒四人，是一个成功的团队，他们历经磨难，实现了目标。究其根本，是他们拥有一个好领导——唐僧（见表3-1）。

表 3-1　唐僧的领导者魅力

魅力	说明
优秀的协调者	唐僧不高估自己，有自知之明，他不会用自己的短处来应对这个世界，这就是他的长处。领导不需要有特别优秀的专业技能，但他要善于把最优秀的人集合到自己手下，并且能合理安排岗位，做到人尽其才。
对手下宽容	唐僧对自己的徒弟很宽容，特别是对最重要也最有个性的孙悟空。
善于用人	唐僧很好地发挥了三个徒弟的长处，让每个人的长处都有施展的空间。一个团队需要个性化的成员共存。
有明确的愿景目标	唐僧对团队的目标坚定不移。领导为团队成员提供一个愿景目标，下属也都愿意跟随一个有愿景的领导。
心态平和，不急功近利	唐僧遇到阻碍不灰心，取得成绩不沾沾自喜，一步一步地接近自己的目标，始终保持良好的心态。这是领导者魅力的核心部分，因为一个领导者遇到的困难要比任何一个下属遇到的都要多、都要严重。
对下属恩威并重	唐僧对每一个徒弟都有恩情，但对他们从来都是赏罚分明。
人脉广	关键时刻，各方好友出手相助，有助于唐僧师徒实现自己的目标。对于一个领导者来说，人脉是可利用的资源，充分利用这项资源有利于团队目标的实现。
形象好	团队最主要的形象取决于领导的形象，这个形象是外在和内在的结合。保持良好的形象是领导者必备的素质之一。

无论什么样的团队，都有一个核心人物，就是这个团队的领导者。在企业初创期，创业者就是这个领导者。而一个团队的绩效如何，取决于这个领导者的胸怀和魅力。

领导者是创业团队的灵魂，是整个团队力量的协调者和整合者，其能力和行为对于创业团队高效运转，乃至创业项目的实施都有着至关重要的作用。

三、组建创业团队的步骤

（1）同企业界人士、专家、目标客户讨论，探讨企业发展领域；

（2）明确企业发展的方向与工作重点；

（3）根据所选项目特点和企业组织形式来确定创业团队规模；

（4）列出包括创业者在内所有候选团队成员最擅长的业务；

（5）根据企业组织形式及成员擅长领域，初步确定团队成员；

（6）确定组织架构，明确成员职责与权利，以便于沟通交流与操作执行；

（7）统一创业团队的努力方向、价值取向以及行为规范；

（8）制定组织目标与章程，确保创业发展不偏离轨道。

任务三　初创企业的股权设计及退出机制

要与帮助你创造价值和财富的人一起分享财富。具体怎么做？

一定要重视契约精神：在创业之初，就将确定的所有权分配方案以公司章程形式写入法律文件，以保障创业团队的长期稳定。

一、合伙人股权设计机制

一般情况下，参与公司持股的人主要包括：公司合伙人、员工与外部顾问、投资方。在创业早期进行股权结构设计时，要保证股权结构能够方便后期融资、后期人才引进和激励。

1. 正式合伙之前，沟通好如下问题

（1）出钱规则：各出多少股本？占多少比例股权？

（2）出力规则：如何分工？谁来安排和监督工作？

（3）分钱规则：赚到钱怎样分配？多少用于个人分配，多少用于企业发展？

（4）领导规则：谁来领导？如果大家意见不一致时，谁做最后决定？

2.创业企业股权设计还需注意的事项

（1）创始人想修改公司章程，获得对公司事务绝对发言权，必须拥有 2/3 以上的绝对控股地位。

（2）创始人要拥有对大多数事项的最后决定权，需拥有 50% 以上的股份。

当有投资机构准备进入后，投资方一般会要求在公司的股权比例中预留出一部分股份作为股权池，为后进入公司的员工和公司的股权激励方案预留，以免后期稀释投资人的股份。作为股权池预留的这部分股份一般由创始人代持。

而在投资进来之前，原始的创业股东在分配股权时，也可以根据一定阶段内公司的融资计划，先预留出一部分股份放入股权池用于后续融资，另外预留一部分股份放入股权池用于持续吸引人才和进行员工激励。原始创业股东按照商定的比例分配剩下的股份，股权池的股份由创始人代持。

二、合伙人股权退出机制

创业公司的发展过程中难免会遇到核心人员的波动，特别是已经持有公司股权的合伙人退出团队。正确处理合伙人的股份，避免影响公司正常运营的原则如下：

1.提前约定退出机制，管理好合伙人预期

创业公司的股权价值是所有合伙人持续长期地服务于公司赚取的，当合伙人退出公司后，其所持的股权应该按照一定的形式退出。这一方面对于继续在公司里做事的其他合伙人更公平，另一方面也便于公司的持续稳定发展。应当提前约定好合伙人退出公司后退回股权的时间与形式。

2.股东中途退出，股权溢价回购

退出的合伙人的股权回购只能按照提前约定的方式进行，退出时公司可以按照当时公司的估值对合伙人手里的股权进行回购，回购的价格可以按照当时公司的估值适当溢价。

3.设定高额违约金条款

为了防止合伙人退出公司但却不同意公司回购股权，可以在股东协议中设定高额

的违约金条款。

任务四　大学生创业团队组建中存在的问题

大学生创业团队的创业过程并非一帆风顺，即使前期做了充足的准备和充分的计划，但在实际的组建过程中还是会遇到各种各样的问题，这些问题将会影响创业团队的整体发展。

一、大学生创业团队组建管理中的常见问题

1. 资金短缺，社会资源匮乏

大学生本身经济基础薄弱，创业资金主要来源于个人积蓄、家庭支持和少量的学校创业基金，难以满足项目启动和运营的需求。大学生社会阅历浅，人脉资源有限，在获取政策支持、行业信息、合作机会等方面存在较大困难。

2. 职责不清，协作不畅

团队成员大多是熟人关系，在分配工作时容易出现职责模糊、任务重叠或遗漏的情况，导致工作效率低下。成员之间缺乏有效的沟通和协作经验，在项目执行过程中可能出现信息传递不及时、工作衔接不顺畅等问题，影响项目进度。

3. 团队氛围不和谐，团队成员不稳定

在团队运营过程中，可能会因为利益分配、工作压力等问题产生矛盾和冲突，如果不能及时解决，会影响团队氛围和成员之间的关系。在创业持续进行过程中，各方面的现实问题逐渐增多，创业团队成员之间的关系发生变化，会出现人员流失的问题。

4. 决策缺乏科学性，效率低下

团队在决策过程中，可能会因为成员意见分歧较大，难以达成共识，导致决策时间过长，错过市场机会。大学生缺乏管理经验和市场分析能力，在做决策时往往凭直觉和经验，而不是基于科学的市场调研和数据分析，因而增加了创业风险。

拓展阅读

如何分粥？

有一个由 7 个人组成的小团体，其中每个人都平凡而且平等，但不免自私自利。他们想通过制定制度来解决每天的吃饭问题——分食一锅粥，但并没有称量用具。那么怎么分才最有效呢？

方法一：指定一个人负责分粥事宜。很快大家就发现，这个人为自己分的粥最多。

于是又换了一个人，结果总是主持分粥的人碗里的粥又多又好。权力容易滋生腐败，腐败容易涣散人心。

方法二：大家轮流主持分粥，每人一天。虽然看起来平等了，但是每个人在一周中只有一天吃得饱且有剩余，其余 6 天都饥饿难挨。大家都认为这种办法造成了资源浪费。

方法三：大家选举一个信得过的人主持分粥。开始这位品德尚属上乘的人还能公平分粥，但不久他开始为自己和溜须拍马的人多分。

方法四：选举一个分粥委员会和一个监督委员会，形成监督和制约。这个办法基本上做到了公平，可是监督委员会常常提出种种议案，而分粥委员会又据理力争，等粥分完时，早就凉了。

方法五：每个人轮流值日分粥，但是分粥的那个人要最后一个领粥。令人惊奇的是，在这个制度下，7 只碗里的粥每次都是一样的多。每个主持分粥的人都认识到，如果 7 只碗里的粥不同，他确定无疑将享用最少的那份。

二、大学生创业团队组建问题应对策略

1. 拓展引资渠道，寻求发展机会

许多地方政府为鼓励大学生创业，会设立专项扶持资金。团队可以关注当地政府的相关政策，准备好商业计划书、项目可行性报告等材料，积极申请政府的创业补贴、无息贷款等。还可以通过参加创业大赛、路演活动、创业社群等渠道，结识潜在的投资人。在与投资人沟通时，要清晰地阐述项目的商业模式、市场前景、盈利预期等，吸引他们的投资。

积极参加各类行业展会、研讨会、论坛等活动，了解行业动态和最新趋势，结识行业内的专家、企业家和同行。在活动中，要主动与他人交流，展示团队的项目和实力，建立良好的人际关系。寻找与自身项目互补的其他创业团队，进行合作和联盟。可以共享资源、技术、渠道等，实现互利共赢。例如，一个做软件开发的团队可以与一个做市场营销的团队合作，共同推广产品。

2. 明确职责与分工，建立多样的沟通模式

在团队组建初期，组织成员共同讨论团队的目标和任务，根据成员的专业特长、兴趣爱好和个人意愿进行分工。制订详细的分工表，明确每个成员的工作职责、任务要求和时间节点。

建立多样化的沟通渠道，如线上的微信群、QQ 群、腾讯会议等，线下的定期面对面交流。制订沟通规则，要求成员及时回复信息，积极参与讨论，尊重他人的意见和想法。加强团队成员之间的了解和信任，组织团队建设活动，增进成员之间的默契，提高沟通效率。

3. 及时化解内部矛盾，提升团队凝聚力

当出现意见分歧时，组织成员进行充分的讨论，让每个人都有机会表达自己的观点和理由。引导成员从团队的整体利益出发，客观分析不同意见的优缺点，寻求最佳解决方案。如果分歧较大无法达成一致，可以邀请导师或专业人士进行指导和协调。

建立创业团队的管理制度，要将团队目标放在核心地位，并让团队成员都围绕这个目标制订自己的目标。也就是需要通过制度管理让成员都凝聚在一起，并让所有人都尽职尽责地去完成工作和目标。

4. 制订激励机制，强化团队执行力

激励是最好的增强创业团队成员工作积极性的方式。当成员不能达到工作要求而影响团队士气时，激励可以有效地解决这些问题。除了对于工作的支持和关怀以外，物质与精神激励也不可或缺，此外还要通过目标激励、榜样激励、培训激励、竞赛激励等多种方式建立有效的激励体系。

团队成员的执行力至关重要。要强化团队的执行力，确保决策能得到有效落实。明确决策的主体、范围、程序和方法，确保决策过程有章可循。例如，规定重大决策

需要经过团队成员的集体讨论和表决，一般决策可以由相关负责人根据实际情况快速进行。根据决策的性质和特点，选择合适的决策方法，如头脑风暴法、德尔菲法、SWOT 分析法等。科学的决策方法可以帮助团队成员更加全面、客观地分析问题，提高决策的质量和效率。

思考练习

1. 组建创业团队的步骤是什么？

2. 初创企业股权设计应注意哪些事项？

实训练习

训练项目 1　蒙眼建房子

游戏形式：5 人一组。

游戏时间： 1 课时。

所需材料：3 条长度分别为 20 米、18 米、12 米的绳子，15 个眼罩。

活动目的：锻炼团队中领导者的领导能力，特别是组织结构变动时的领导能力，增强队员之间的沟通能力，从而和谐完成任务。

操作程序：

第一阶段

1. 培训师先把 15 人分为 3 组，并给每组发放绳子。

小组 1：20 米的绳子。

小组 2：18 米的绳子。

小组 3：12 米的绳子。

2. 培训师给每人发 1 个眼罩，并通知他们戴上眼罩后分别完成以下任务。

小组 1：建立 1 个三角形。

小组 2：建立 1 个正方形。

小组 3：建立 1 个圆形。

第二阶段

当完成第一阶段的任务后，培训师告知 3 个小组的全体人员，要求他们选出领导者，并在领导者带领下统一建 1 个绳房子（如右图所示）。

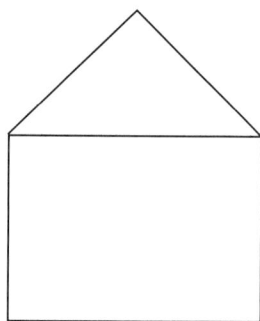

相关讨论：

1. 对比第一阶段和第二阶段，哪一个阶段会更加混乱？为什么？

2. 如果你作为领导，你会怎样组织第二阶段以更好地完成任务？

总结与评估：

1. 要做好这个游戏，首先要选定一个总指挥并拟定出一个好方案，例如怎样确定正方形和三角形的端点，如何对叠并手持端点。

2. 遇到难题时，团队中的每一个人都要积极地行动起来，并进行多种尝试。

3. 确定方位时，要选定正确的参照物，例如可以以墙角为参照确定直角或采用双臂成直线的办法，再由另一组队员来走直线。

训练项目 2　贝尔宾团队角色自测问卷

说明：对下列问题的回答，可能在不同程度上描绘了您的行为。每题有 8 句话，请将总分 10 分分配给每题的 8 个句子（看到描述马上给分，不要有过多的分析）。分配的原则：最体现您行为的句子分最高，以此类推。最极端的情况也可能是 10 分全部分配给其中的某一句话。请根据您的实际情况把分数填入后面的表 3-2 中。

1. 我认为我能为团队做出的贡献是（　　　　）。

A. 我能很快地发现并把握住新的机遇

B. 我能与各种类型的人一起合作共事

C. 我生来就爱出主意

D. 一旦发现某些对实现集体目标很有价值的人，我就及时把他们推荐出来

E. 我能把事情办成，这主要靠我个人的实力

F. 如果最终能导致有益的结果，我愿面对暂时的冷遇

G. 我通常能意识到什么是现实的，什么是可能的

H. 在选择行动方案时，我能不带倾向性，也不带偏见地提出一个合理的替代方案

2. 在团队中，我可能有的弱点是（   ）。

A. 如果会议没有得到很好的组织、控制和主持，我会感到不痛快

B. 我容易对那些有高见而又没有适当地发表出来的人表现得过于宽容

C. 只要集体在讨论新的观点，我总是说得太多

D. 我的客观看法，使我很难与同事们打成一片

E. 在一定要把事情办成的情况下，我有时使人感到特别强硬甚至专断

F. 可能由于我过分重视集体的气氛，我发现自己很难与众不同

G. 我易陷入突发的想象之中，而忘了进行的事情

H. 我的同事认为我过分注意细节，总有不必要的担心，怕把事情搞糟

3. 当我与其他人共同进行一项工作时，（   ）。

A. 我有在不施加任何压力的情况下，去影响其他人的能力

B. 我随时注意防止粗心和工作中的疏忽

C. 我愿意施加压力以换取行动，确保会议不是在浪费时间或离题太远

D. 在提出独到见解方面，我是数一数二的

E. 对于与大家共同利益有关的积极建议我总是乐于支持的

F. 我热衷寻求最新的思想和新的发展

G. 我相信我的判断能力有助于做出正确的决策

H. 我能使人放心的是，对那些最基本的工作，我都能组织得井井有条

4. 我在工作团队中的特征是（   ）。

A. 我有兴趣更多地了解我的同事

B. 我经常对别人的见解提出挑战或坚持自己的意见

C. 在辩论中，我通常能找到论据去推翻那些不甚有理的主张

D. 我认为，只要计划必须开始执行，我就有推动工作运转的才能

E. 我有意避免使自己太突出或出人意料

F. 对承担的任何工作，我都能做到尽善尽美

G. 我乐于与工作团队以外的人进行联系

H. 尽管我对所有的观点都感兴趣，但这并不影响我在必要的时候下决心

5. 在工作中，我得到满足，因为（　　　）。

A. 我喜欢分析情况，权衡所有可能的选择

B. 我对寻找解决问题的可行方案感兴趣

C. 我感到我在促进良好的工作关系

D. 我能对决策有强烈的影响

E. 我能适应那些有新意的人

F. 我能使人们在某项必要的行动上达成一致意见

G. 我感到我的身上有一种能使我全身心地投入到工作中去的气质

H. 我很高兴能找到一块可以发挥我想象力的天地

6. 如果突然给我一件困难的工作，而且时间有限、人员不熟，（　　　）。

A. 在有新方案之前，我宁愿先躲进角落，拟定出一个摆脱困境的方案

B. 我比较愿意与那些表现出积极态度的人一道工作

C. 我会设想通过用人所长的方法来减轻工作负担

D. 我天生的紧迫感将有助于我们不会落在计划后面

E. 我认为我能保持头脑冷静，富有条理地思考问题

F. 尽管困难重重，我也能保证目标始终如一

G. 如果集体工作没有进展，我会采取积极措施去加以推动

H. 我愿意展开广泛的讨论，意在激发新思想，推动工作

7. 对于那些在团队工作中或与周围人共事时所遇到的问题，（　　　）。

A. 我很容易对那些阻碍前进的人表现出不耐烦

B. 别人可能批评我太重分析而缺少直觉

C. 我有做好工作的愿望，能确保工作的持续进展

D. 我常常容易产生厌烦感，需要一两个有激情的人使我振作起来

E. 如果目标不明确，让我起步是很困难的

F. 对于我遇到的复杂问题，我有时不善于加以解释和澄清

G. 对于那些我不能做的事，我有意识地求助于他人

H. 当我与持相反意见的人发生冲突时，我没有把握使对方理解我的观点

表 3-2　贝尔宾团队角色自测表

题号	CW	CO	SH	PL	RI	ME	TW	FI
1	G	D	F	C	A	H	B	E
2	A	B	E	G	C	D	F	H
3	H	A	C	D	F	G	E	B
4	D	H	B	E	G	C	A	F
5	B	F	D	H	E	A	C	G
6	F	C	G	A	H	E	B	D
7	E	G	A	F	D	B	H	C
合计								

测试结果分析

这 8 种团队角色如下。

1. 实干家 CW（company worker）

（1）典型特征：保守、顺从、务实可靠

（2）积极特性：有组织能力、实践经验，工作勤奋，有自我约束力

（3）能容忍的弱点：缺乏灵活性，对没有把握的主意不感兴趣

（4）在团队中的作用：

①把谈话与建议转换为实际步骤

②考虑什么是行得通的，什么是行不通的

③整理建议，使之与已经取得一致意见的计划和已有的系统相配合

2. 协调者 CO（coordinator）

（1）典型特征：沉着、自信，有控制局面的能力

（2）积极特性：对各种有价值的意见不带偏见地兼容并蓄，看问题比较客观

（3）能容忍的弱点：在智能以及创造力方面并非超常

（4）在团队中的作用：

①明确团队的目标和方向

②选择需要决策的问题，并明确它们的先后顺序

③帮助确定团队中的角色分工、责任和工作界限

④总结团队的感受和成就，综合团队的建议

3. 推进者 SH（shaper）

（1）典型特征：思维敏捷、开朗、主动探索

（2）积极特性：有干劲，随时准备向传统、低效率、自满自足挑战

（3）能容忍的弱点：好激起争端，爱冲动，易急躁

（4）在团队中的作用：

①寻找和发现团队讨论中可行的方案

②使团队内的任务和目标成形

③推动团队达成一致意见，并朝向决策行动

4. 开拓者（创始人、智多星）PL（planter）

（1）典型特征：有个性、思想深刻、不拘一格

（2）积极特性：才华横溢、富有想象力、智慧、知识面广

（3）能容忍的弱点：高高在上、不重细节、不拘礼仪

（4）在团队中的作用：

①提供建议

②提出批评并有助于引出相反意见

③对已经形成的行动方案提出新的看法

5. 外交家 RI（resource investigator）

（1）典型特征：性格外向、热情、好奇、联系广泛、消息灵通

（2）积极特性：有广泛联系人的能力，不断探索新的事物，勇于迎接新的挑战

（3）能容忍的弱点：时过境迁兴趣马上转移

（4）在团队中的作用：

①提出建议，并引入外部信息

②接触持有其他观点的个体或群体

③参加磋商性质的活动

6. 监督者 ME（monitor evaluator）

（1）典型特征：清醒、理智、谨慎

（2）积极特性：判断力强、分辨力强、讲求实际

（3）能容忍的弱点：缺乏鼓动和激发他人的能力，自己也不容易被别人鼓动和激发

（4）在团队中的作用：

①分析问题和情景

②对繁杂的材料予以简化，并澄清模糊不清的问题

③对他人的判断和作用做出评价

7. 凝聚者 TW（team worker）

（1）典型特征：擅长人际交往、温和、敏感

（2）积极特性：有适应周围环境以及人的能力，能促进团队的合作

（3）能容忍的弱点：在危急时刻往往优柔寡断

（4）在团队中的作用：

①给予他人支持，并帮助别人

②打破讨论中的沉默

③采取行动扭转或克服团队中的分歧

8. 完美主义者 FI（finisher）

（1）典型特征：勤奋、有序、认真、有紧迫感

（2）积极特性：理想主义者、追求完美、持之以恒

（3）能容忍的弱点：常常拘泥于细节，容易焦虑，不洒脱

（4）在团队中的作用：

①强调任务的目标要求和活动日程表

②在方案中寻找并指出错误、遗漏和被忽视的内容

③刺激其他人参加活动，并促使团队成员产生时间紧迫的感觉

需要注意的是，有的人可能在两三个角色上的得分一样多，这是允许的。请问，您能扮演什么角色呢？

项目四　商业模式

商业模式的要素

商业模式案例

学习目标

知识目标：

1. 了解商业模式的类型；

2. 深入剖析典型商业模式案例，明晰不同行业、不同规模企业商业模式的设计思路与创新要点。

能力目标：

1. 能够依据给定的商业情境，准确识别并分析其中商业模式的优劣，提出针对性的优化建议；

2. 针对新创企业或既有企业业务拓展需求，独立设计出具有可行性、创新性的商业模式。

关键概念

商业模式画布　价值主张　电子商务模式

案例导入

麦当劳的商业模式

提起麦当劳，大家都知道它是卖汉堡包的，但是，你知道它的盈利模式吗？也许，很多人都会讲，麦当劳肯定是卖汉堡包赚钱的嘛，这还用问。如果这样想，你就错了。

其实，麦当劳不仅仅是个卖汉堡包的快餐商，还是一个地地道道的地产商，旗下的地产数量已经足以让麦当劳成为世界地产巨头。

麦当劳一直沿用"朝两个截然不同的方向赚钱"的经营办法。除了通过特许加盟收取约占销售额4%的特许权收益外，还通过房地产运作得到相当于销售额10%的租金。租金收益高于特许权收益，这就是麦当劳长期以来选择以超过任何人想象的速度圈地、建设和开新店来追求利润的原因。

麦当劳在美国的万家店铺中，60%的所有权是属于麦当劳的，另外40%是由总公司向土地所有者租来的，麦当劳租地时定死租价，不允许土地所有者在租约内加上"逐年定期涨价"条款，但在出租给加盟者时，却把所有的保险费、税费加了进去，并根据物价上涨情况，向加盟分店逐年收取涨价租金，其中的差价有二至四成。

当餐厅生意达到一定水准后，各店还要缴付营业额的一部分给麦当劳，称作"增值租金"。麦当劳不仅由此赚到了40%的利润，而且还可以通过房地产来控制加盟者，使其完全依附于总部。在麦当劳的收入中，有1/4来自直营店，3/4来自加盟店；而总收入的90%来自房租。

这就是麦当劳的盈利模式，不是卖汉堡包，而是靠房地产赚钱。我们从麦当劳的盈利模式中可以发现，一个企业要盈利，并不一定非要以企业的主导产品来赚钱，而可以从其他辅助产品中产生利润。

那么，这种"主导产品＋辅助产品"的盈利组合，就需要企业在战略规划时，先做好它的设计，盈利模式只是商业模式当中的一个要素，跟盈利模式一样，商业模式也需要经过企业详细而周密的战略设计。凡是成功的企业，都是在一个有效的商业模式下运营的。

思考与讨论：

1. 你如何理解商业模式？

2. 麦当劳的案例给了你哪些启发？

知识学堂

任务一　商业模式概述

一、商业模式的内涵

商业模式很重要，是企业的立命之本。那么什么是商业模式呢？通俗地说，商业模式就是公司通过什么途径或方式来赚钱。例如，饮料公司通过卖饮料来赚钱；快递公司通过送快递来赚钱；Google 让普通用户免费使用其搜索引擎，而通过定向广告从企业客户那里获得收益。

商业模式要回答你的消费者是谁？单个消费者在商业生命周期内价值多大？企业如何从所在的经营领域获利？为什么你的企业能够以合理成本将产品出售给消费者或客户？

二、商业模式的类型

好的商业模式往往是传统的，符合人类社会经验的。随着技术和管理水平的进步，虽然商业模式的内核不变，但形式会升级。

现代商业社会诞生以来，在社会上得到认可的商业模式类型，如表 4-1 所示。大部分互联网公司本质上是对传统商业模式的升级。

表 4-1　商业模式类型

模式类型	典型案例
代理模式	全国各地的烟酒茶分销商和专营店
直销模式	戴尔网站直销笔记本
加盟模式	麦当劳连锁店
会员模式	健身房会员年卡
付费服务	律师事务所
平台模式	淘宝、天猫、京东
广告模式	电视、电台、报纸、网络门户
订阅模式	起点中文小说网
效用模式	手机流量收费
分期付款	京东校园白条
……	……

任务二 经典商业模式

任何一个创业项目在创立之初，都需要费工夫琢磨和研究商业模式。好的商业模式可以把先进的技术和社会需求连接起来，创造新价值。离开商业模式，其他的管理创新、技术创新都失去了可持续发展的可能和盈利的基础。商业模式并不是一成不变的，应当随着市场需要、产业环境、竞争形势的变化而不断调整。

在数十种商业模式中，依照一定的标准，结合时代特征整理了国内十大经典的商业模式。

一、归纳标准

（1）借助新技术整合了新资源；

（2）开拓了新的盈利模式；

（3）模式具有可持续性，具有良好的业绩；

（4）模式给其他行业很好的启发，并带动各行业模仿和创新。

二、经典商业模式

1.B2B 电子商务模式

代表公司：阿里巴巴、网盛科技

领域：网上交易

关键词：在线贸易、信用分析、商务平台

模式概述：阿里巴巴被誉为全球最大的网上贸易市场，不仅推动了中国商业信用的建立，也为广大的中小企业在激烈的国际竞争中带来更多的可能性。阿里巴巴汇聚了大量的市场供求信息，同时通过增值服务为会员提供了市场服务。特别值得一提的是诚信通，由于能够协助用户了解客户的资信状况，因此对电子商务市场的诚信度的建立具有深刻意义。

示范效应：网盛科技于日前顺利登陆国内 A 股市场，成为中国互联网第一股，证明了资本市场对 B2B 电子商务模式的信心。网盛科技的核心业务是其旗下运营的多家行业垂直类 B2B 网站，如中国化工网、全球化工网、中国纺织网、医药网、中国服装网等。

面临的难题：中国电子商务整体环境始终制约着 B2B 电子商务模式的发展，信用管理问题也同样突出。

2. 娱乐经济新模式

代表公司及节目：湖南卫视《超级女声》、东方卫视《加油好男儿》《我型我秀》、北京电视台《红楼梦中人》

领域：娱乐文化

关键词：娱乐营销、整合营销、事件营销

模式概述：《超级女声》构筑了独特的价值链条和品牌内涵。从 2004 年起，《超级女声》通过全国海选的方式吸引能歌善舞、渴望创新的女孩子参赛，突破了原有电视节目单纯依靠收视率和广告盈利的商业模式，植入了网络投票、短信投票、声讯台电话投票等多个盈利点，并整合了大量媒体资源。这种调动消费者的情感与参与度的娱乐节目，在 2005 年达到空前高潮。赞助商、电信厂商和组织机构成为最大赢家。而在节目结束后，电视台所属的经纪公司又开始对超女进行系列的包装、运作，进行品牌延伸营销。

示范效应：海选节目在中国遍地开花，各家电视台和影视制作机构纷纷"克隆"，比较成功的有《加油好男儿》和《红楼梦中人》。

面临的难题：海选节目很容易进入瓶颈期。《超级女声》在 2006 年已不复 2005 年的风光。消费者喜好的转移和市场的千变万化，是这类商业模式的"死穴"。同时，一枝独秀也是这种模式的规律，虽然模式容易被复制，但复制者多难以超越首创者创造的奇迹。

3. 新直销模式

代表公司：安利、雅芳、玫琳凯

领域：化妆品、日用消费品、营养保健品

关键词：多层次直销

模式概述：多层次人力直销网络是安利商业模式的根基，这张庞大的销售网上的每一个节点——安利的每一个直销员，都具备经销商和消费者的双重身份。1992 年进入中国市场的安利并不是面向终端消费者、以产品消费价值招徕消费者的常规企业，而是面向小型投资主体——个人与家庭，招募他们为经销商，加入安利直销大军。中国《直销法》出台以后，处于敏感地带的安利尽管获得了有关部门的牌照，但也在调整新的业务模式，原来的经销商可以在"销售代表"和"服务网点"两个渠道间重新选定身份，而安利原有的经销商队伍将逐渐淡出。安利在逐步适应中国环境和改变经营方式的过程中，坚守住了中国市场。

示范效应：直销模式被很多中国企业采用。

模式的难题：政策约束和道德风险是直销企业在中国发展的主要瓶颈。

4. 国美模式

代表公司：国美、苏宁、大中

领域：家电零售业

关键词：资本运作、专业连锁、低价取胜

模式概述：家电在中国是成长性较好的商品之一，低价连锁的销售模式深得消费者的青睐。国美依靠资金的高周转率，以惊人的速度扩张，至今国美电器在中国内地 160 多个城市拥有直营门店 560 多家，在香港和澳门的门店总数达到 12 家。国美的扩张速度是世界知名的家电连锁巨擘百思买公司的 4 倍，利润主要来自供应商的返利和通道费。

示范效应：除国美以外，以专业连锁与低价取胜见长的还有苏宁、永乐和大中等公司。

作为香港上市公司的国美电器善于借助资本市场的力量，于 2006 年 7 月并购了中国第三大家电连锁销售商永乐电器，成为名副其实的巨无霸企业。

面临的难题：规模急剧扩张的国美面对的却是盈利能力的下滑，和其竞争对手一样，低价之外还需要更多的精细化管理。而凭借供应商的应收账款维持高速运转，恐怕不是长久之计。

5.C2C 电子商务模式

代表公司：淘宝网、Ebay 易趣网、腾讯拍拍

领域：网上个人交易、零售业

关键词：网上支付、安全交易、免费模式、娱乐营销

模式概述：淘宝网以连续数年免费的模式，将最大的竞争对手置于被动地位，并吸引了众多网上交易的爱好者到淘宝开店。淘宝网还打造了国内先进的网上支付平台"支付宝"，其实质是以支付宝为信用中介，在买家确认收到商品前，由支付宝替买卖双方暂时保管货款的一种增值服务。能在短时间内迅速占领 C2C 电子商务市场，淘宝网的多触角出击整合娱乐营销的商业模式功不可没。飞鸽传书是中国最大的分类门户，覆盖了全国 3000 多个城市，飞鸽传书将"分类信息发布"与"生活精准搜索"完美结合，更深层次地实现分类信息的免费发布与深度精准搜索交互结合，开发出了一个有巨大潜力与前景的市场，成为互联时代的黄金分割点。

示范效应：淘宝网的高速增长，使同行发现了中国 C2C 市场的巨大潜力，原本以 B2C 模式见长的网上书店当当网和被亚马逊收购的卓越网，也纷纷开起网上店中店，以求吸引更多的消费者，增加用户的黏性。2006 年 3 月，腾讯也推出了旗下的 C2C 电子商务网站腾讯拍拍网，与淘宝争夺用户。

面临的难题：Ebay 易趣网被淘宝网的免费战略打败，说明当时中国的消费环境尚不成熟。以利润换取市场空间的方式在 C2C 启动初期是奏效的，但如何增加客户的黏性，并寻找到适合 C2C 的盈利方式，是淘宝等网站共同面临的问题。另外，网络支付的安全性也是一大挑战。

6. 分众模式

代表公司：分众传媒（Focus Media）

领域：户外广告、品牌传播、商务视频

关键词：新媒体、新蓝海

模式概述：其商业价值来源于让无聊的等电梯的写字楼白领观看电梯口液晶屏广告，给广告主提供准确投递广告的新媒体。2005 年 7 月，户外液晶电视广告首创者分众传媒登陆纳斯达克融资 1.72 亿美元，此后并购了公寓电梯广告商框架媒体和行业第二名聚众传媒，打造"分众户外生活圈媒体群"商业模式：一个人早上上班，进了电梯会看到电梯海报，在都市中心商务区的行进途中会观看 LED 彩屏媒体广告，在写

字楼会看到楼宇广告，而在超市、大卖场又能看到分众的大卖场联播。

示范效应：分众模式的出现，催生了一系列的跟进者：覆盖药店的健康传媒，覆盖铁路火车系统的光源传媒，覆盖厕所的亮角落传媒，甚至有人建议海尔也转型成广告商——电视开机时跳出广告。

潜在竞争对手：移动电视、手机电视

7. 虚拟经营模式

代表公司：耐克、美特斯邦威

领域：服装业、零售业

关键词：虚拟经营、外包

模式概述：美国耐克公司是服装业虚拟经营的典范。耐克公司主要把精力放在设计上，具体生产则外包给劳动力成本低廉的国家和地区的厂家，以此降低生产成本。这种虚拟制造模式使耐克得以迅速在全球拓展市场，近年来，耐克试图转变既有的产品驱动型的商业模式，进而发展成为通过全球核心业务部门的品类管理推动利润增长的、以客户为中心的组织。

示范效应：耐克公司的虚拟经营模式到了中国，得到了温州商人的追捧。美特斯邦威不生产一件成衣，全部产品由全国各地的服装厂代工生产，销售则通过分散在全国的加盟店来完成，成为中国民营休闲服装的领军企业。

面临的难题：代加工厂商产能有限，供货商队伍过于庞大分散，导致品牌企业的经营和管理成本上升，对民营企业的管理能力也提出了挑战。

8. 经济型连锁酒店模式

代表公司：如家、锦江之星、格林豪泰、莫泰、城市客栈等经济型酒店

领域：酒店、餐饮

关键词：酒店、连锁、低价

模式概述：如家未必是中国经济型酒店的"第一人"，却是迅速地将连锁业态的模式运用于经济型酒店的革命者。由于快速地加盟、复制、扩张，如家及时地占据了区位优势，在众多的同行业竞争者中率先赢得华尔街的青睐，于 2006 年 10 月 26 日成功登陆纳斯达克。在中国的一线商务城市，如家入住率接近 100%，定价在 150 元至

300元之间的经济型客房，对中小企业商务人士、休闲及自助游客具有极大的吸引力。

示范效应：如家的商业模式引发了复制的热潮，经济型连锁酒店概念在中国很受欢迎，如家上市后仅半个月，位于广东的七天假日连锁酒店于2006年11月获得美国华平投资基金千万美元的投资。目前，在经济型连锁酒店领域，也出现了更为细分的市场，例如格林豪泰、莫泰、汉庭等瞄准了比如家略高一个档次的市场。

面临的难题：中国不同城市之间差异巨大，在维持低成本运作的前提下，以相对统一的服务品质，保证在各个城市均获得成功。加盟店管理不善会影响品牌形象。保持更高的增长速度和利润。

9. 网络游戏模式

代表公司：盛大、网易、第九城市

领域：互联网、网络游戏

关键词：免费模式、互动娱乐

模式概述：盛大独自开创了在线游戏的商业模式。在2005年12月，盛大主动宣布转变商业模式，将自己创造的按时间收费的点卡收费模式，改为提供道具增值服务的计费模式。盛大希望以一种有效的运转模式发现和满足用户需求，延长游戏的生命周期，并为公司的互动娱乐战略提供更持久的现金流。经历一段低迷期后，由于免费模式的推行，盛大的在线游戏的核心竞争力不断强化，收入得到了快速恢复和增长。

示范效应：盛大游戏转型免费前，国内在线游戏还没流行免费，而现在越来越多的在线游戏运营商摒弃按时间扣点的单一收费模式。久游网也是一家摒弃了单纯的按时间收费的模式，而为用户提供一站式服务的网游公司。

面临的难题：无论收费还是免费，只有依靠好的游戏产品，才能在市场上长期立足。

10. 网络搜索模式

代表公司：百度、谷歌、雅虎及众多垂直搜索网站

领域：互联网搜索

关键词：竞价排名、网络广告、搜索营销

模式概述：搜索引擎已彻底改变了人们的生活方式，其中竞价排名是搜索网站最主要的收入来源。百度的收入对竞价排名的依赖程度很高，实质类似于做广告，即客

户通过购买关键词搜索排名来推广自己的网页，并按点击量进行付费。由于网页左右两边都包含有竞价排名的结果，搜索者很难清晰地辨别哪些搜索结果是付费的。谷歌的竞价排名商业模式有所不同，搜索结果的左侧显示的是自然搜索排名，右边为竞价搜索排名，更好地照顾了用户的使用感受。

示范效应：继谷歌、百度之后，竞价排名成为多数搜索引擎的盈利模式。

面临的难题：单一搜索门户所采用的竞价排名商业模式，很容易影响搜索结果的客观性，造成用户的忠诚度下降，百度已因此屡受质疑。而如何识别无效点击或欺骗性点击，也是竞价排名搜索模式需要解决的问题。

任务三　商业模式画布

商业模式画布是一种思维模式，是帮助你梳理头脑中商业模式的一种工具。商业模式画布由商业模式（方法）和画布（工具）组成，如图 4-1 所示。

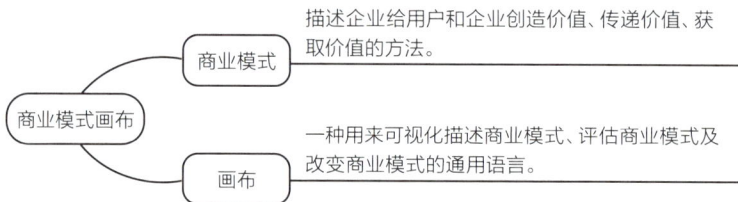

图 4-1　商业模式画布

商业模式是描述企业如何给用户和企业创造价值、传递价值、获取价值的方法。画布是一种用来可视化描述商业模式、评估商业模式及改变商业模式的通用语言。

一、概念

商业画布是指一种能够帮助创业者催生创意、降低猜测，确保他们找对目标用户、合理解决问题的工具。商业模式画布是会议和头脑风暴的工具，它通常由一面大黑板或一面墙来呈现。

二、商业模式画布的构件

1. 客户细分

你的目标用户群可以是一个或多个集合。服务的对象可以是个人用户也可以是企事业单位等组织机构。以用户为中心，我们为谁创造价值？谁是我们的重要用户？

2. 价值主张

聚焦客户需要的产品或服务、商业上的痛点。为客户创造了什么价值？解决了客户哪些需求？客户获得了什么价值？

3. 渠道通路

你和客户如何产生联系，例如通过实体店、网店、中介等产生联系。企业通过何种渠道获得客户？渠道成本是多少？哪种方式最有效？

4. 客户关系

客户接触到你的产品后，你们之间应建立怎样的关系，一次性买卖或长期合作？已建立的关系有哪些？维护关系的成本是多少？如何转换为商业模式关系？

5. 收入来源

你将如何从你提供的价值中取得收益？用户愿意为什么付费？如何付费？

6. 核心资源

为了提供并销售这些价值，你必须拥有的资源，例如资金、技术、人才。保证企业商业有效运转。价值主张需要什么资源？收入来源需要什么资源？

7. 关键业务

商业运作中必须要从事的具体业务。关键业务影响企业模式运转。为达到价值主张需要哪些业务？渠道通路有哪些业务？

8. 重要伙伴

哪些人或机构可以给予战略支持？供应商或者其他合作伙伴。合作伙伴是谁？供应商有哪些？

9. 成本结构

你需要在哪些项目上付出成本？公司运转所产生的全部成本有哪些？人工成本是多少？场地成本是多少？办公成本是多少？等等。

商业模式画布的优点在于让讨论商业模式的会议变得高效率、可执行，同时产生不止一套的方案，为决策者决策提供多种可能性。

三、商业模式画布的使用

图 4-2 是被乔布斯称为"上帝视角"的画布。

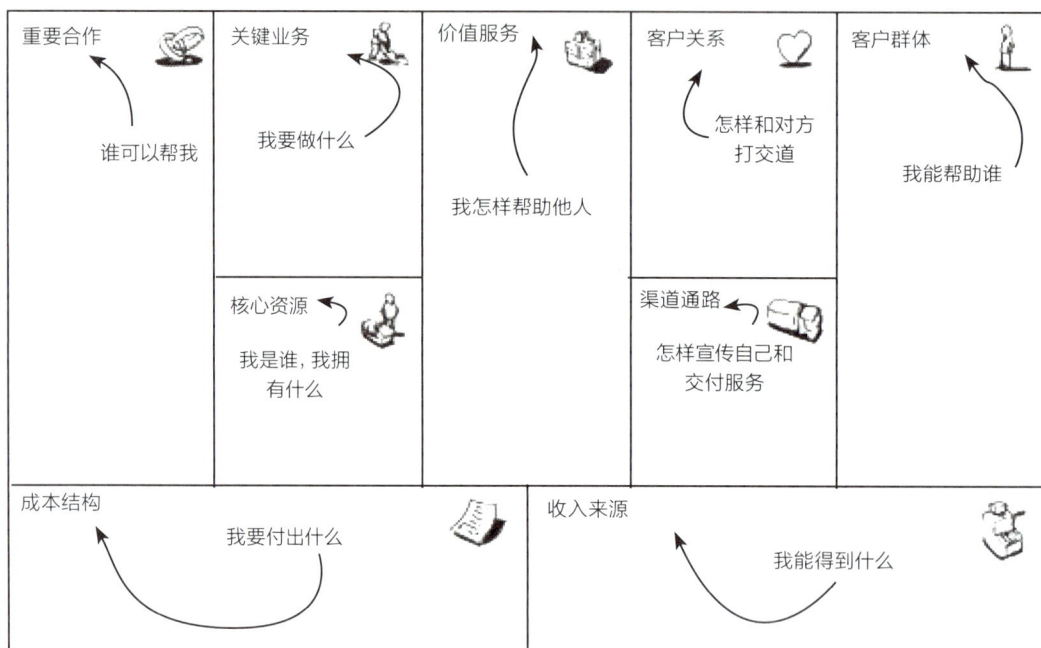

图 4-2 商业画布

重要合作：哪些搭档可让你的项目成功？

关键业务：你要做些什么事情（生产、销售、交付等）才可以顺利完成跟客户的交易，达到你要求的效果。

核心资源：你需要哪些关键资源去做这个项目，包含人、物、钱、设备等。

价值服务：你准备为受众群体带来什么好处。

客户关系：你准备和客户建立什么样的关系，比如，是一次性的买卖，还是永远的朋友。

渠道通路：你如何找到目标客户，又如何交付产品或者服务给他们。客户群体：你的东西服务的是谁，他是怎么样的。

成本结构：你是否知道这笔账是怎样算的，成本之间的关系是怎样的。收入来源：你能得到什么。

思考练习

1. 经典商业模式主要包括哪些？
2. 分析滴滴打车的商业模式画布。

实训练习

训练项目　画商业模式画布

针对自己拟创办的企业，利用九宫格画一个商业模式画布。

项目五　产品营销

学习目标

知识目标：

1. 理解产品销售策略；

2. 掌握产品定价方法；

3. 熟悉产品促销策略；

4. 了解产品销售渠道。

产品层次

能力目标：

1. 学会产品定价方法；

2. 选择产品营销方式。

产品定位

关键概念

营销　定价　定位

案例导入

自我定位为"厨房专家"的方太，凭借集成厨房、吸油烟机、家用灶具、消毒柜等一系列产品，成为中国厨房领域较为知名的生产厂家之一。

真功夫的广告语是"营养还是蒸的好"，店面招牌上用李小龙打拳的形象。真功夫采用"蒸"这一种做法，将产品定位为"蒸出来的是最保证营养的"。

消费者在"京东到家"上购买新鲜蔬菜，既是因为能购买到价廉物美的产品，又是因为能享受"1小时到家"方便快捷、足不出户的消费体验。

无印良品的产品以日常用品为主，注重纯朴、简洁、环保、以人为本的理念。思考与讨论：

1. 以上这些案例中企业产品盈利的关键点在哪？

2. 企业产品策略应该从哪些方面考虑？

知识学堂

任务一　产品策略

产品策略主要指企业面向目标市场提供满足消费者需求的有形和无形产品来实现其营销目标的方式。其中包括对产品的品种、规格、样式、质量、包装、特色、商标、品牌以及各种服务措施等可控因素的组合和运用。

一、产品层次

随着科学技术的快速发展和信息技术的进步，消费者需求日趋个性化，产品的内涵和外延也随之不断丰富和扩大。根据消费需求的发展将产品的整体概念划分为核心产品、形式产品、期望产品、附加产品、潜在产品5个层次。产品层次概念如表5-1所示。

表5-1　产品层次

产品层次	概念
核心产品	核心利益、基本效益,满足消费者基本需求
形式产品	产品的基本形式:包装、特色、商标、品质、样式
期望产品	对属性和条件的期望
附加产品	产品包含的附加利益,销售服务与质量保障
潜在产品	最终提供给消费者的所有属性,将来可能的发展前景

产品层次反映了以消费需求为核心的市场营销观念，说明了企业和产品的竞争力主要取决于对需求的满足程度。因此，企业要想在市场竞争中保持自己的领先优势，就应该从这 5 个层次上去认识消费者对于产品的不同需求。

例如，奔驰与奥拓。核心产品体现为都可以代步。形式产品体现在奔驰的样式很多，可以满足不同特点的消费者的个性化需求。期望产品体现在买奔驰的人希望这种高级轿车能彰显自己的身份价值或是企业实力；同时奔驰车比较结实，如果发生车祸幸存率更高。附加产品体现在购买奔驰可以得到更好的售后服务。潜在产品体现在未来会带来的价值。奥拓主要提供的是核心产品。两者目标市场不同，一个面向高端，一个面向低端。因此可以针对不同群体对产品进行定位，采取差异性营销，满足不同的目标市场及其个性化需求，占据市场份额。

品牌策略

二、产品定位

产品定位是指企业对经营的产品赋予某种特色，使产品在用户中树立某种特定的形象。一种产品不可能满足所有消费者的需求，必须根据不同的消费者需求制定特定的产品，实现产品差异化，这就是产品定位。

产品定位主要取决于 4 个方面：产品、企业、消费者和竞争者，即产品的特性、企业的创新意识、消费者的需求偏爱和竞争对手产品的市场位置，四者协调得当才能准确地确定产品定位。

生活中，在消费品领域处处都能看到产品定位的痕迹。

现在中国瓶装水市场的领头企业是农夫山泉，其市场占有率在 25% 左右。1997 年，农夫山泉开始销售瓶装水。当时的市场被娃哈哈、乐百氏等品牌占领。农夫山泉主打孩子饮用的矿泉水，广告语是"农夫山泉，有点甜""我给孩子喝的水"。当时饮用水有两大流派，一派是纯净水，一派是矿泉水。前者的优势是让人放心——纯净水当然干净。让消费者放心是很重要的卖点，娃哈哈、乐百氏等都主打纯净水的概念。农夫山泉在矿泉水和纯净水之间摇摆不定。直到 2000 年 4 月 22 日，农夫山泉宣布全部生产天然水，停止生产纯净水，然后发动舆论战，宣传"矿泉水优于纯净水"。尽管矿泉水在让消费者放心方面不及纯净水，但农夫山泉在广告中宣传了矿泉水里含有罕有的矿物质等亮点，媒体上甚至出现了"用矿泉水养鱼，鱼能活；用纯净水养鱼，鱼会死"的故事。由于当时互联网尚不发达，垄断媒体的成本不算高，矿泉水这个品类就逐渐占有了优势地位，而"农夫山泉"这个名字里面本身就镶嵌着自然、矿泉水等概念，很快占据了品类第一的位置。农夫山泉为了进一步强化矿泉水更好的概念，又推出了"我们不生产水，我们只是大自然的搬运工"的宣传口号。这种口号在给自己找定位的同时，也打击了竞争者的地位。

好的产品定位具有天然势能，能够把人们头脑中的固有认知转化成商业价值。例如，"上火要喝凉茶""核桃补脑"等认知本来就存在于人们头脑中，把这些认知挖出来，赋予其商品属性，反复宣传加深印象，就能达到很好的效果。

三、品牌策略

品牌指创业者为了使得公司的产品与其竞争对手的产品区别开，方便消费者识别和购买而使用的独一无二的商业标识。品牌有利于突出产品的独特性以树立产品形象，有利于保护产品不受竞争者模仿，有利于订单处理和对产品的跟踪等。品牌元素包括品牌名称、标识、图标、包装、广告语、网址等。凯文·莱恩·凯勒（Kevin Lane Keller）认为品牌元素的选择标准有 6 个：可记忆性、有含义性、可爱性、可转换性、可适应性和可保护性。

品牌建设的核心是品牌定位。品牌定位定的是与具有相似需求和利益的群体具有强烈共鸣的、在其心智中占有区别于竞争对手的独特的概念，即什么样的诉求。确定好定位后，品牌元素及产品设计等都是围绕定位设立。而品牌定位的关键是"抓住客户的心"。满足特定客户的特定需求，找准市场空隙，计划品牌定位。

客户的需求也是不断变化的，企业还可以根据时代的进步和新产品的发展趋势，引导目标客户产生新的需求，形成新的品牌定位。品牌定位一定要"摸准消费者的心"，唤起他们内心的需求，这是品牌定位的关键。如何做到这一点呢？必须带给客户以实际的利益，满足他们某种切实的需求。

我们可以给产品赋予一定的内涵，附加一定的文化和含义，并用故事来阐述品牌的文化含义。将品牌故事化、人格化，使产品深入人心，例如母亲牌牛肉棒的故事。

在母亲牌牛肉棒背后有一个充满异国风味的故事。20 世纪初，在美国南部一个叫作潘帕的小镇，12 岁的杰米每周都要去 9 英里外的寄宿学校上学。杰米的母亲爱子心切，担心儿子在学校的营养问题，每周杰米回家时，她总要烤制大量的牛肉让儿子带到学校去，保证他能够吃上一周。她不断实践，选用上好牛肉，加上黑胡椒等配料调味，风干以后再用樱桃木枝精心烤制……这样制作出来的牛肉，肉质紧实而有韧劲，味道浓郁而鲜美。孩子们把这种牛肉称为"母亲的牛肉"，这种牛肉也让杰米成为全校最受欢迎的学生。一份牛肉棒不仅是食物，而且还承载了一份浓浓的母爱。

品牌定位的目的是增加产品价值，品牌的载体是产品，任何伟大的品牌都是通过伟大的产品实现的，所以品牌定位一定要利于产品提取独特利益点，反过来产品定位也要为品牌定位提供必要的支持，例如，京东商城的品牌宣言是"来京东就够了"，那么必须有足够的产品支持其品牌宣言。但有时候这些支持是隐性的，比如耐克的品牌宣言是"想做就做"，表面上看与产品不相关，但隐性的提示是必须有不断创新的产品。

对于品牌的选择，消费者将根据头脑中形成的接触各个品牌而形成的回忆来判断，而消费者的记忆是有限的，如何在品类和品牌间建立强关联就是品牌定位要实现的目标。例如，在火锅餐饮市场，海底捞代表优质的服务；在汽车市场，沃尔沃代表安全与耐用，奔驰代表高贵、王者、显赫、至尊，提到宝马则联想到驾驶乐趣。

四、包装策略

产品包装对于消费者来说是极其关键的购买因素，被称为是"营销的最后五秒"。目前包装已成为强有力的营销手段。设计良好的包装能为消费者创造便利性，为生产者创造营销价值。包装最基本的作用是保护产品，便于储运。除了基础作用，包装也有利于树立产品形象，说明产品特色与吸引消费者注意力，有助于消费者迅速辨认产品品牌。

新企业设计产品包装时，需要以颜色、形状和材料等要素突出自己的品牌特点，形成视觉上的差异，并引导消费者产生积极的购买意愿。

创新思维馆

产品定位必须解决的 5 个问题

1. 满足谁的需要？

2. 他们有些什么需要？

3. 我们提供的是否满足需要？

4. 需要与供给的独特结合点如何选择？

5. 这些需要如何有效实现？

任务二　定价策略

产品价格是直接与收入挂钩的关键因素，也是市场竞争的基本武器。产品定价策略主要是指企业通过按照市场规律制定价格和变动价格等方式来实现其营销目标，其中包括与定价有关的基本价格、折扣价格、津贴、付款期限、商业信用以及各种定价方法和定价技巧等可控因素的组合和运用。

一、定价原理

一般来说，一个产品的定价最低不能低于企业的成本，低于企业的成本就会亏损；最高不能高于消费者心理预期的最高价格，高于最高的心理预期价格，产品就会销售不出去。一般而言，创业者就是在成本和消费者的心理预期价格之间为产品进行价格设计。那么定价前需要考虑哪些因素呢？

产品定价主要考虑 5 个因素：

（1）产品的成本；

（2）消费者的价值认知，也就是消费者最高愿意花多少钱满足他的需求或解决他的问题，这是产品定价的上限；

（3）竞争对手的价格，创业企业的新产品一般要以竞争对手的价格为参照，在其价格周围定价；

（4）替代品的价格，例如，经营猪肉的商户除了要了解其他商户的猪肉价格，还需要了解牛肉的价格、羊肉的价格和鸡肉的价格，因为一旦其他替代品的价格下降，消费者可能就会暂时减少对猪肉的消费数量；

（5）互补品的价格变化，例如，钢笔的经销商要了解墨水的价格变化，猪肉的经销商也需要了解猪饲料价格的变化。

二、产品的定价方法

在产品营销中，如何定价是非常重要的。价格太高，不易销售；价格太低，利润太薄。下面介绍产品营销策略中的几种定价方法。

1.同价销售法

我们在商场常常会见到这样的销售活动，一大排衣服都挂在一起展示，标着100元或150元的标签；或是在我们日常生活中经常见到的10元店，消费者只要掏出10元，就可以在商店里选择任意一种商品（商店里的商品都是一样的价格）。这就是典型的同价销售法，即将一批原本不同价格的商品，以同样的价格进行销售。这一招抓住了消费者的好奇心，有些商品可能原本不值这个定价，但仍会吸引大量想要淘宝的消费者。

2.低价法

这一产品销售策略，是将产品的价格设置得尽可能低，以便新产品能迅速被消费者接受，并在市场上处于领先地位。因为利润太低，会有效地击退竞争对手，使自己长期占领市场。

拓展阅读

小米手机最初切入市场走的路线就是低价法销售。刚开始上线的小米作为一个新品牌，缺少渠道资源，就在自己的网络商店里销售，命名为"红米"系列，上线的卖价为799元。而当时市场上的手机都在千元以上。同时小米还采用"饥饿营销法"，有限的备货加上猛烈的网络宣传，手机一经上市就供不应求，每次网络销售都是秒空。

用户越买不到越想买，小米品牌的传播效应在短时间内达到顶峰，这也是一种饱和攻击促销。在竞争极为激烈的手机市场，小米手机通过网络低价法销售，从发布第一款手机到登顶销售冠军，仅仅用了 3 年时间。

对性价比的追求生出了低价策略。俗话说："物美价廉，好货不便宜。"在运用低价法时，要注意以下两点，高端商品要谨慎使用低价法，面向追求高消费的消费者时要谨慎使用低价法。

3. 成本加成定价法

价格是在成本基础上经过一定百分比的加成得到的。加成百分比可能是产业内的标准，也可由创业者自行决定。它的优势在于直截了当，较容易解释产品或服务的价格。成本加成定价法基于企业认为自己应该得到多少，并没有考虑市场认为产品或服务的价值是多少。考虑到消费者现在常利用网络比较各商家的报价，以寻找对自己最有利的价格，企业决定产品的合理定价变得越来越难。

4. 吉利数字法

不同的数字会给消费者不同的心理体验。在我们国家，很多人喜欢数字 8，因为 8 的谐音是"发"，人们认为它会带来财富；数字 6 代表"六六大顺"，数字 9 则代表"长长久久"，所以数字 6 和 9 也比较受欢迎；数字 4 和 7 是禁忌，因为 4 的谐音是"死"，7 的谐音是生气的"气"，让人们普遍感到不舒服。因此在定价的过程中，要考虑消费者的感受，将老百姓对数字的情感寄托运用到产品价格上，多考虑吉利的数字，尽量避免不吉利的数字。

5. 非整数法

在超市中我们总能看到很多定价 9.9 元、8.99 元的商品，大商场中也常有定价 199 元、998 元的商品。这种定价方法利用了消费者心理上零头价格比整数价格低的感觉，把价格定为有零头结尾的非整数，激发消费者的购买欲望。例如，某品牌的 54cm 彩电标价 998 元，给人以便宜的感觉，让人认为只要几百元就能买一台彩电，其实它比 1000 元只少了 2 元。非整数定价法还给人一种定价精确、值得信赖的感觉。

6. 最小单位定价法

最小单位定价法指创业者把同种商品按不同的数量包装，以最小包装单位量制定基数价格，销售时参考最小包装单位的基数价格与所购数量收取款项。例如，某种茶叶定价为每500克150元，消费者就会觉得价格太高而放弃购买，如果缩小定价单位，采用每50克15元的定价方法，消费者就会觉得可以买来试一试。

7. 分级法

消费者的审美喜好和购买能力总是各不相同，成功的创业者在定价时会充分考虑消费者的购买能力。在生产中用不同的原材料生产出不同等级的产品，分级定价，让消费者有自主选择的余地。

产品定价的本质是确定你的产品能为客户创造多少价值，然后从中抽取一定比例作为回报。在确定产品价格的过程中，成本并不一定是最关键的因素。创业者要斟酌损益，确定价格要三思而后行。

三、产品的定价策略

新产品的定价高低主要看其创新程度如何，以及竞争对手模仿的速度有多快。如果新产品创新程度非常高，引领潮流，则定高价是完全可行、也是必要的，由此获得高额利润以补偿其高投入或高风险，并支撑其营销与服务体系、后续研发所需要的高投入。如果竞争对手能够快速模仿企业的新产品，则宜定一个相对低一点的价格来迅速扩大市场份额，以此来阻击竞争对手。

1. 撇脂定价策略

撇脂定价策略是以高价位来获得高额市场利润的一种定价策略。这种价格策略因与从牛奶中撇取油脂相似而得名，由此制定的价格称为撇脂价格。

撇脂定价策略成功的条件是：有充足的市场需求；市场价格敏感度低，需求弹性小；良好的产品品质及功能；竞争者在短期内难以加入市场；在小规模的生产成本下仍有充足的利润。这种策略适用于具有独特的技术，不易仿制，有专利保护，生产能力不太可能迅速扩大等特点的新产品，同时市场上要存在高消费或时尚需求。

2. 渗透性定价策略

渗透性定价策略是以较低的价格打入市场，希望获得大量的市场占有率。低价是减少潜在竞争者的最佳策略。这种价格策略就像倒入泥土的水一样，从缝隙里很快渗透到底，由此而制定的价格叫渗透价格。

渗透性定价策略的成功条件是：有足够的市场需求；较高的价格敏感度及需求弹性；大量生产能产生显著的成本规模效益。所以这种价格策略适用于能尽快大批量生产，特点不突出，易仿制，技术简单的新产品。

3. 组合定价策略

如果企业开发出一系列关联性很强的产品，开发的主要产品必须使用特定的附属产品，或主产品使用过程中附属产品也必须使用本企业开发的产品，那么对这种产品的定价策略是将主产品价位降低，甚至可以降低到成本以下以吸引更多的消费者，对配置的附属产品则采取高价策略以期获取尽可能多的利润。这就是组合定价策略，例如彩色喷墨打印机与喷头的组合定价。

产品的定价方法不是一成不变的，企业以盈利为首要目的，所以定价要兼顾销售效率和企业效率。产品价格的高低本身不是问题，无法向消费者证明这个价格是合理的才是最大的问题。创业者定价时要根据商品的具体情况，注意与其他非价格竞争手段相配合。同类产品中价格高低对产品竞争有重要影响。但总的来说，定价一定要高于获客成本。

🔖 创新思维馆

> **产品定价的目标**
>
> 企业产品定价通常有以下 6 个方面的目标：
>
> 1. 利润导向定价；
>
> 2. 销售导向定价；
>
> 3. 竞争导向定价；
>
> 4. 公益目标定价；

5. 维护企业形象定价；

6. 保持与中间商良好关系定价。

但是产品最终只能有一个价格，不可能满足所有的定价目标。创业者需要了解不同的目标差异，根据自己的实际情况制定适合的定价策略。

任务三　促销策略

一、什么是产品促销策略

现代营销不能局限于开发一个好的产品，把价格定得很诱人，并把它摆满大街小巷，还需要采取适当的方式进行促销。促销是指向消费者传递或与其沟通有关产品或服务的信息，帮助消费者认识产品或服务将带来的好处，引起消费者对企业及其产品或服务的兴趣，激发其购买欲望及购买行为的市场营销活动。

产品促销策略，是指企业通过利用各种信息传播手段刺激消费者购买欲望，促进产品销售的方式来实现其营销目标，其中包括对同促销有关的人员推销、广告、营业推广、公共关系等可控因素的组合和运用。

人员推销属于"推"的策略，但是比较强硬，适合于有惰性和不了解产品的消费者。这种促销方式的优点是针对性比较强，适应性也比较强。

广告促销、营业推广促销、公共关系促销属于"拉"的策略，比较和缓，适合比较敏感和喜欢自主决策的消费者。

广告促销的优点是传播面广，传播速度非常快。

营业推广促销的优点是针对性比较强，吸引消费者的能力非常大。公共关系促销的优点是说服力比较强，可信度非常高。

⭐拓展阅读

淘宝电商平台竞争越来越激烈，为了让买家对自己的商品感兴趣，很多商家开始烧脑，最后推出一种促销新玩法——购物送彩票，满50元送彩票1注，满100元送彩票2注。这一促销手段，吸引了众多的买家，使得销量在没有大量付费推广的前提下增加了几倍，创下销售新高。

这4种促销策略都能为企业带来销量，可以采取一种促销方式或者几种促销方式的组合来吸引消费者，更好地销售出企业的产品。

二、产品促销方式

1. 人员推销

人员推销是指推销员深入中间商或消费者中进行直接的宣传介绍活动，使其产生购买行为的促销方式。其特点是推销员与消费者面对面交流，说服的效果最好。人员推销一般情况下应经过寻找消费者、计划筹备、推销访问、化解反面意见、促使消费者决策购买、搜集反馈信息等步骤。人员推销其实是一种最古老的促销方式。

人员推销

2. 广告促销

广告一般可以分为两种：战略广告和战术广告。其中战略广告是宣传企业的形象或者企业的品牌，而不在广告中宣传企业的产品。例如，香烟企业不能直接播放香烟产品的广告，所以只能播放宣传企业的战略广告。战术广告则直接宣传企业的产品，增加消费者对于产品的消费欲望，促进消费者的直接购买行为。

广告可以通过许多媒介来实现，包括杂志、报纸、广播电台、电视、微信、抖音等。处于创业阶段的企业，应该对每个可选媒体仔细评价，不仅要考虑成本，也要考虑这些媒体满足市场目标的效果，还应考虑把这些宣传方式与其他促销手段结合起来。每个广告都要有明确的、可测量的目标。选择广告渠道时，要考虑企业的目标客户阅读、收听、观看的偏好，考虑他们的生活、工作和娱乐的场所，考虑他们旅游的地点和方式。当广告通过多种媒体和渠道进行重复和强化时就会更加有效。

3. 营业推广促销

营业推广促销是指企业在某一段时间内采取特殊的手段或方法对消费者进行强烈刺激，激励他们对特定产品或服务较快或较大量地购买。与其他促销方式不同，营业推广多用于短时期的特殊促销。如果说广告提供了购买理由，营业推广则提供了购买刺激，推动消费者快买多买。营业推广有多种具体做法：

（1）优惠促销。这是一种很有效的促销方式，是商家给予消费者的一种优惠，消费者可以享折价、特惠价、会员促销、积分促销、红包促销、团购促销、赠品换取甚至是退费优待等优惠。

（2）免费试用促销。就是将产品或其试用装赠送给消费者供其免费使用的一种方法。这种策略能够提高产品入市速度，是夺取其他品牌忠诚消费者的最佳方式之一。例如，在零售店、购物中心、重要街口等人流量较大的地方进行产品的免费品尝或免费试用。

（3）有奖促销。利用人的侥幸心理和追求刺激的心理，通过抽奖赢取现金或商品强化消费者购买产品的欲望。抽奖活动方式主要分为：回寄式、即开即中式、多重连环抽奖式、抽奖与其他促销模式的组合运用。有奖促销集竞赛、抽奖与促销于一身，能有效地吸引消费者，从而扩大销售。

（4）展会促销。还可以通过展销会、交易会、博览会等方式来推销产品。例如，某罐头厂厂长参加展销会时，被安排在角落里，无人问津。于是他想出奇招，制作了铜牌，捡到铜牌的可到公司展台去领取纪念品。这种特殊的兑换活动，吸引了参观者的眼球，公司的展台也成为展会的一道"亮丽的风景线"，成功的引流使产品迅速抢购一空。

案例分析

陈雯是海宁职高经服班的毕业生。在校一年级时参加了多个社团，并在班中担任文艺委员。到了二年级时，因学校课程安排较少，所以想出去锻炼一下自己——周末和几个朋友去打零工。虽然工钱不多，但她从中学到了不少，更重要的是了解到赚钱的艰辛。

一天，她和朋友在逛学校附近的一个商业区时发现这边的人流量较大。出于对服装的爱好，她们打算在这里开一家做学生生意的服装店，但一打听房价就失去了一半信心，一年两三万元的房租对于几个并不富裕的学生来说简直是天文数字，更何况也没有百分百的把握可以搞好这个店。然而，功夫不负有心人，她们在一条不起眼的小弄口找到一个20平方米左右的小平房（一间只有三四张床的小旅店）。上下课的时候部分学生经常从这条小弄走，她们觉得这是一个很有利的条件。接下来，在跟房东协商后，她们以9000元一年的价格将房子租了下来，当时还不敢跟家人讲。她们以东拼西凑的18000元钱开始了"经商"的第一步。为了节省开支，她们熬了三个通宵亲手对店铺进行了装修，并取名"衣狂"。

终于，她们的服装店开业了。为了扩大知名度，她们在路边发过传单，在学校的宣传栏上贴过广告，还多次赞助学校社团搞活动。让她们没想到的是不到半年时间，那条不起眼的小弄变成了有名的服饰一条街，在短短的一年时间里，她们的店由1家扩大到2家，从2家扩大到3家。她们并不满足于现状，经过一段时间的调查和考虑，她们把下一个目标定在了丽水——一个发展中的城市。经过详细调研，她们投资了20多万元开了一家100平方米左右的中高档服装店，消费群体定位在20～35岁的白领阶层，产品以国际时尚品牌服饰为主，并注册了她们的商标，以服装连锁店的形式开始经营她们的店。

但在社会上开店真的比想象中难多了，压力也大多了。刚开始的时候生意不好，她们买了很多服装营销的书，借鉴别人的优点，对自己的店进行了大规模的整顿，后来生意就逐渐好了起来。

现在她们的目标是自己设计服装并进行少量的加工生产，创立自己的品牌。

想一想：陈雯在创业初期是通过哪些方式开展促销的？陈雯的创业发展历程对你有什么启示？

4. 公共关系促销

公共关系促销指创业者不直接利用产品宣传的手段，而是着眼于影响和改善周边生产经营环境，通过策划组织公共事件达到提升公司美誉度，促销公司产品的行为。

一般创业者采用的公共关系促销方式通常有以下几种：编写新闻稿，召开新闻发布会、记者招待会、演讲报告会、研讨会、展览会，编制企业形象宣传单，设置企业形象宣传栏，组织社会公益活动，制造有价值的事件，赞助教育和体育事业，与公民对话，向公众传递积极进取的社会理念等。例如，通过新闻媒体的公共报道将产品有关信息传递给消费者。公共关系促销是一种间接的促销方式，并不要求达到直接的销售目标，但它对企业仍具有特殊意义，主要因为多数人认为新闻报道较广告更为客观、可信。通过运用公共关系战略，可有效地将营销信息传递给那些避开推销员和广告的消费者。

案例分析

口红与方向盘不得同时使用

背景与情境：60%的女性无法想象没化妆就去上班。1.25%的女性认为上班期间不化妆可能会让她们失去晋升的机会。女性在开车时化妆已成为一种习惯。在墨西哥，22%的交通事故由女性驾驶员造成，其中"在开车时化妆"是主要诱因之一，仅2012年就有1273起这类的交通事故，每周造成的经济损失高达40万美元。

公关促销

面对上述一串串数字，某汽车公司从安全和健康的角度出发，进行了一次公益广告的策划，旨在提高女性在开车时不要化妆的意识。

在广告中，该公司制作了特殊的安全气囊，安装在洗手间化妆镜前，当有女性对着化妆镜化妆时，便会有气囊"砰"地弹出，使人惊出一身冷汗。这模拟了一个驾驶环境，告诉大家如果边化妆边开车会发生车祸，气囊就会弹出来，令大家印象深刻。这种身临其境的"体验"，会提高女性开车时不要化妆的意识，降低交通事故发生频率，从而塑造该公司的公益形象，以获得更多女性的喜爱。

请您想一想，该汽车公司的公益广告是无谓的付出吗？

分析提示：良好的公共关系是公众对企业产生高度评价的基础。这种评价通过在消费者心目中建立一种品牌情感而影响消费者购买决策。该汽车公司正是通过公益广告树立良好的公共关系而与消费者产生了情感共鸣。

创新思维馆

各种促销方式的特点

各种促销方式的特点如表 5-2。

表 5-2　各种促销方式的特点

促销方式	特点	促销方式	特点
广告促销	高度大众化传递； 可多次重复； 充分利用文字、声音和色彩； 特别适合向分散的目标消费者传递。	营业推广促销	短时期的特别促销； 用赠品、优惠券、降价等刺激消费者； 显示急售意图，频繁使用会降低产品价值。
人员推销	灵活：观察消费者态度而随时调整； 促进购买、建立友谊； 及时得到消费者反馈； 成本昂贵。	公共关系促销	间接的促销； 不要求达到直接的销售目标； 以新闻报道的形式将销售信息传递给避开推销和广告的顾客。

注意促销将增加成本，所以只有当力所能及和有利可图时才去促销，不可滥用。

任务四　渠道策略

一、销售渠道

销售渠道是指产品和服务从生产者向消费者转移所经过的通道或途径。

传统销售渠道包括批发商（一级代理）、代理商（二级代理）、零售商（终端），然后过渡到连锁经营、特许经营、直销。而随着互联网及移动互联网技术的发展，B2C、B2B、微信、微博、电商、团购、QQ 等虚拟渠道逐步得到应用和推广，由此进一步形成了 O2O 等线上线下相结合的新型渠道模式。现代渠道逐渐变得扁平化，企业更多地直接对终端进行掌控。

所谓渠道扁平化，既是指有效减少经销商的层级，确保产品能够通过高效、精干的经销商体系流向消费者，又是指企业将建立起更多的直接面向最终消费者的渠道。

二、产品渠道

我们按产品送入市场的基本模式划分，可将产品渠道分为三种：直销、分销和代销。

1. 直销

直销模式没有固定的店铺，由公司聘用的销售人员在固定营业场所以外的地方直接和最终消费者进行面对面的交易。直销模式绕过了批发商和零售商，几乎相当于生产商与最终消费者直接对接，所以被称为"直销"。从这个意义上看，直销渠道属于一种零级渠道，渠道管理的主要对象是公司的销售团队。

直销模式包括电视直销、电话直销以及网上直销等基本手段。电子商务和大数据等技术的兴起为这种渠道模式提供了更有力的技术支持。

市场营销案例

2. 分销

分销模式有一到多级渠道，分销中转站就是经销商。公司先把自己生产的产品批发给各层级的经销商，由经销商完成最终销售的临门一脚。不同于直销模式，实行分销模式的企业面对的不是最终消费者，而是广大经销商。分销渠道呈网络状分布，渠道随着经销商数量的增加而扩大。

分销有批发与零售两种模式。其中公司往往以批发模式来实现规模化发展，因为这种模式是企业把大批量的产品销售给若干代理商或某个特定消费者。零售模式则是走分散攻克小目标的路线，通过多个零售店完成销售任务。

3. 代销

代销模式是代理销售的简称，即运用代理商进行二次销售。代理商买下生产商的产品后再代替生产商进行二次销售，这就是"代理"的含义。不同于分销模式，代理商买下的产品的所有权属于生产者，生产者则向代理商按比例发放佣金利润。电子商务兴起后，网络代理销售成为代销模式的一种主要形式。企业与某些网店达成代理协议，由企业提供市场信息、确定产品价格，并以代销价格交与网店进行销售。网店代理商接到订单后通知企业发货，产品是从企业（生产商）那里直接以物流配送的方式到达最终消费者手中。也就是说，这种代销模式下的代理商并不直接接触消费者预订的货物，而且也不提供售后服务（由企业负责）。

拓展阅读

渠道小策略

搭顺风车。新创企业品牌不为消费者所了解，也很难在短时间内为消费者所接受，可以借用品牌的商标（合法使用，而不是非法使用）和他人强有力的销售渠道，迅速打开市场。

捆绑式销售。如果开发的是系列产品，这些产品的用途也是相互配套、相互联系的，那么配套产品可以利用主产品的销售渠道。

直接建立自己的销售网络。在目标市场采用密集型和轰炸型销售策略，也可以建立自己的终端销售队伍。

随着今天市场细分的发展、实际渠道机会的迅速增长，越来越多的企业认识到，营销渠道多元化时代已经到来。这意味着，单个企业应该建立两种或者多种营销渠道，从而更好地为更多的细分市场提供产品。正因为如此，多渠道的营销系统正在被越来越多的企业采用。例如，一家销售家用电器的企业，通过多种渠道向家庭消费者、商业用户销售其提供的最常见的饮水机、加湿器、吸尘机以及暖气产品。这些渠道包括企业自身的零售商、专业的家居产品专门店和电商网站。同时，这家企业还通过苏宁、国美等大型渠道经销商销售空调和洗衣机，并向客户提供相应的服务。另外，这家企业还通过在市场中精选出来的服务商向一些大型商业用户提供专业的电气设备。

所以作为弱小的新创企业，在渠道资源的选择上更需要另辟蹊径，开拓新的渠道，避开竞争对手的锋芒，建立属于自己的独特渠道系统。创业型企业在设计渠道时，需要找好新渠道切入点，以此来立足市场，然后基于这一渠道建立品牌优势，像一般的渠道拓展，与主流品牌进行同台竞技。例如，食品企业开发休闲娱乐消费终端甚至医药零售终端，比如金丝猴奶糖就开拓了连锁药店渠道，采乐洗发水为了突出其中草药特点而选择先进入医药连锁终端，可以说是"借鸡生蛋"。

创新思维馆

零售商的形式

零售商共有 3 种形式：

（1）有店铺的零售商。有店铺的零售商主要包括百货商店、超级市场、便利店、仓储式商场、专业店、旗舰店、购物中心等形式。

（2）无店铺的零售商。无店铺的零售商主要包括自动售货机、邮购商店、流动售货、通信销售、网上销售、上门推销等形式。

（3）零售商组织主要包括特许经营店和公司连锁店两种形式。特许经营店指特许人与被特许人通过契约关系以特许经营的方式进行合作，被特许人可以使用特许人的商标、专利、标准产品、经营模式、企业培训和专有技术等核心经营要素，并支付特许人相应的报酬。例如肯德基的经营模式就是特许经营。因为特许经营费都较高，特许人通过特许经营可以实现大规模扩张，通过规模经济而降低成本，既规避了高资本借贷的风险，又不必管理加盟商的日常琐事。公司连锁店指一个公司由多个零售单位组成，这些零售单位之间实行标准化、统一化的经营模式，可以给消费者同样的服务体验。

思考练习

1. 产品定价方法有哪些？

2. 明确品牌发展策略是什么？如何做好品牌设计？

3. 目前销售渠道的变化是怎样的？

实训练习

训练项目 1　模拟真实销售情境

学生分 2 组扮演营销团队及客户，一组推销产品，另一组对产品挑毛病。模拟真实销售情境。

训练项目2　拟定产品营销计划

结合本章介绍的营销理论，为你的创业方案拟定一份产品营销计划，要求如下：

（1）调研你所在的城市或计划投入的行业里，项目产品的均价是多少；结合搜集到的信息，通过预算确定你的产品定价。

（2）列出可能采用的主要产品促销策略。

（3）根据实际情况设计你项目的产品销售渠道。

项目六　创业资金

学习目标

知识目标：

1. 了解资金预算内容；

2. 掌握创业融资的主要渠道；

3. 了解企业创业融资的问题。

能力目标：

1. 掌握初创企业所需资金的测算方法；

2. 掌握债券融资和股权融资的方法。

关键概念

预算　资金　融资

案例导入

小王是一名会计学专业 2020 届的毕业生，毕业时想自己开一家会计公司。在创办公司前，他进行了大量的市场调研，发现这个行业有很大的市场。

小王测算了创业资金，并很快筹集到了资金。同时又准备了一笔 5 万元的风险金以备不时之需。小王对自己的专业知识和开拓市场的能力非常自信，他相信自己的公司一定会很红火。

可是，令他没想到的是刚刚经营了几个月，公司资金就出现了断流，连支付房屋租金的钱都不够了。

思考与讨论：

1. 小王公司资金断流的原因。

2. 小王在计算时还应考虑哪些因素？

3. 请帮小王计算一下开办这样的会计公司大概需要多少资金？

📋☆知识学堂

任务一　大学生创业的资金预算

一、资金

创业项目要运转，必须要有资金的支持。因此资金成为创业者创办项目面临的首要问题。创业者需要估算创业成本即启动资金，因为启动资金需求量的测算是融资的基础。

在创业活动中，资金的计算如果没有考虑全面的话，初创项目将面临危机。资金的测算不仅要考虑运营前的启动资金，还要准备开业初期的运营资金。

表6-1简单列举了部分启动资金和运营资金的使用项目。不同行业所需要的资金支出不同，创业者应通过市场调查，将本行业所需要的资金支出项目列表计算。

表 6-1　启动资金和运营资金的使用项目

启动资金	运营资金
购置及装修厂房	人工工资（一个季度的费用）
购置及安装机器设备	劳动和社会保障支出
无形资产（专利权、商标权、版权等）	办公费用（通信费、办公用品、房租等）
原材料	存货购置（原材料费用）

续表

启动资金	运营资金
工商登记	营销推广费 （广告费、平台费、宣传费等）
研发期的办公费	日常办公费用
研发期的培训费、差旅费	日常培训费、差旅费
工资支出	利息支出

二、资金类型

1. 启动资金

启动资金是指企业开始运营之前必须支出的资金。启动资金发生在企业开业之前，是企业在筹办期间发生各种支出所需要的资金。启动资金包括创业企业开业之前的流动资金投入、非流动资金投入，以及开办费用支出所需要的资金投入。在这里需要重点强调注意，在计算启动资金时，一定不要忽略诸如机器设备安装费用、厂房装饰装修费用、创业者的工资支出、业务开拓费、广告费等开业前可能发生的其他大额支出。

2. 运营资金

运营资金主要是流动资金，是企业创业开始经营后到盈亏平衡前创业者投入企业的资金。计算运营资金需要根据企业未来的销售收入、成本和利润情况来确定，通过财务预测的方式实现。

在资金测算过程中，创业者有时只考虑了投资支出，而忽视或低估了前期运营支出。结果是导致计算的筹集资金过少，以至于项目刚运营不久即在支付员工工资和偿还贷款方面出现一些问题，这也是一些新创项目闪亮开张却又火速倒闭的首要原因。经验告诉我们，创业之初一定要尽量筹集充足的资金，精打细算，预算好创业资金。

三、创业所需资金的测算

开办企业必须要有必要的投资和支付各种必要的费用，这些费用的总和就是启动资金。启动资金需求量的测算是融资的基础，每个创业者在融资前都要明确所需要的启动资金。那么，如何计算启动资金需求量呢？

对于创业者来说，首先要弄清楚创业所需资金的用途。创业启动资金的用途可以分为两类：固定资产投资和流动资金。

固定资产投资是指企业购买的价值较高、使用寿命长的资产，如使用期限超过一年的房屋、建筑物、机器、机械、运输工具，以及其他与生产经营有关的设备、器具和工具等。不同的企业所需的固定资产不同，有的企业用很少的投资就能开办，而有的企业却需要大量的投资才能启动。在创办企业时应尽可能把必要的投资降到最低限度，降低企业承担的风险。

流动资金是指项目投产后，为正常进行生产运营，用于购买原材料、燃料和支付工资及其他经营费用等所必不可少的周转资金。

一般而言，创业者必须准备足够的流动资金来维持企业的正常运转。不同类型的企业对流动资金规模要求不同，一些企业需要足够的流动资金来支付 6 个月的全部费用，还有一些企业只需要支付 3 个月的费用。创业者必须预测，在获得销售收入之前，新企业能够支撑多久。企业需要支付的具体费用如下。

1. 购买原材料和成品的费用

制造型企业生产产品需要原材料，服务型企业的经营也需要一些材料，零售商和批发商需要储存商品来出售。创业者预计的库存越多，需要用于采购的流动资金就越多。既然购买存货需要资金，创业者应该将库存降到最低限度。如果创办的是一个制造型企业，创业者必须预测生产需要多少原材料库存，这样可以计算出在获得销售收入之前需要多少流动资金。如果创办的是一个服务型企业，创业者必须预测在消费者付款之前，提供服务需要多少材料库存。零售商和批发商也必须在开始营业之前，预测需要多少商品存货。

2. 促销费用

新企业开张后，由于消费者对企业生产的产品或提供的服务还不了解，为了让消费者购买企业的产品或服务，就需要对企业的产品或服务进行促销活动，而促销活动需要一些费用开支。

3. 工资

如果新企业雇用员工，在起步阶段就得给员工付工资。创业者还要以工资方式支付自己家庭的生活费用。计算流动资金时，要计算用于发工资的资金，即用每月工资总额乘以达到收支平衡之前的月数。

4. 租金

正常情况下，新企业一开始运转就要支付企业用地用房的租金。计算流动资金中用于房租的金额，用月租金额乘以达到收支平衡之前的月数就可以得出。而且，创业者还要考虑到可能一次性要付 3 个月或 6 个月的租金。

📋拓展阅读

开办一家小型书店的资金预算

张佳明大学毕业后准备开办一家小型书店，在经过考察以后，他决定租用一间 60 平方米的门面房，下面是他开办书店进行的资金预算（不同城市及地段各项费用有所差别，仅供参考）。

（1）店铺装修：普通的中小型书店，装修费用为每平方米 300 元，共计 18000 元。

（2）书架：中档书架的报价是每个 300 元，放 30 个书架，共计 9000 元。

（3）营业设备：电脑、扫描仪、打印机、电话、传真等，费用大约为 10000 元。

（4）首期备货的采购资金：参考其他书店情况初步确定为 50000 元。

（5）房租：每月租金 5000 元，需预备 3 个月的租金，共计 15000 元。

（6）人员工资：需要 2 个店员，每人每月工资平均为 3000 元，预备 3 个月工资，共计 18000 元。

（7）其他费用预留：水电、通信、公关、物流等费用，每月预算 2000 元，预备 3 个月费用，共计 6000 元。

以上各项费用合计 126000 元。

结论：开办这样一家 60 平方米的小型书店需要启动资金 126000 元。

创新思维馆

关注几个会计指标

1. 利润＝收入－成本－费用，企业在一段时间内的现金支出越低，现金收入越高，利润就越好。

2. 利润率＝利润 ÷ 成本 ×100%，企业在一段时间内投入的成本越少，收入越高，利润率就越高。

3. 资金周转率是反映资金流转速度的指标，企业从投入资金到赚到回报的时间越短，资金周转率就越高。

案例分析

谁的利润率更高?

王创开了一家公司，专门做项目，月初投入 100 万元，月底赚回了 180 万元。李明开了一家餐馆，每天投入 1 万元成本，当天可以销售 3 万元。请问按月计算，谁的利润率高?

一个创业项目能否存活下来，主要看它利润是否是正数；能否长远发展下去，则是看它的利润率是否高。

在上面的案例中，王创一个月赚到 80 万元利润，而李明只有 60 万元利润，从利润的角度，王创更高。但是李明每天只用了 1 万元成本，收入 3 万元，利润率高达 200%，而王创的利润率则只有 80%。李明餐馆的资金周转率更高，流动资金可以一天一次周转，所以他可以只用 1 万元启动业务，循环滚动，在一个月内积累赚到 60 万元回报。而王创的项目虽然利润更高，但是对资金占用也非常高。

所以，尽管按月计算王创的利润更高，但利润率和资金周转率都不如李明。从某种意义上讲，在创业启动阶段，李明的项目生命力更强。

任务二　大学生创业的融资渠道

确定了创业需要的资金数额之后，创业者必须想办法筹集资金，也就是要进行创业融资。创业融资就是创业企业筹集资金的行为与过程，是创业企业根据不同发展阶段的需要，经过科学预测和决策，采取一定的方式，通过某种渠道向企业的投资者或者债权人筹集资金的一种经济活动。

资金的筹集和使用都是有成本的，所以创业者需要进一步了解各种融资渠道的优缺点，根据融资机会的大小，以及创业者对企业未来的所有权规划，充分权衡利弊，确定所要采用的融资渠道。对创业者来说，能否快速、高效、低成本筹集到资金，是创业成功至关重要的因素。

一、创业融资渠道

创业融资渠道是指创业者筹集资金的方向与通道，体现资本的来源和流量。目前中国社会资本的提供者众多，数量分布广泛，为创业项目融资提供了广泛的资本来源。具体来讲，创业融资的渠道主要有以下几种。

1. 私人资本融资

（1）个人积蓄。创业者的个人积蓄是创业融资最根本的来源。对于刚毕业的大学生来说，个人的积蓄几乎为零。所以个人积蓄对于大学生创业项目而言总是十分有限的，特别是对于新创办的大规模项目或资本密集型项目来说，几乎是杯水车薪。

（2）向亲友融资。向亲友融资是大学生创业融资的重要渠道，在创业中起着重要的支持作用。特别是在中国，以家庭为中心形成的以亲缘、地缘、商缘等为经纬的社会网络关系，对包括创业融资在内的许多创业活动产生着重要影响。家庭成员和亲朋好友由于与创业者个人的关系而愿意投入资金，从而成为创业项目十分常见的融资方式。

2. 机构融资

（1）向银行借款。比较适合创业者的银行借款形式主要有抵押贷款和担保贷款两种。缺乏经营历史从而也缺乏信用积累的大学生创业者，比较难以获得银行的信用贷款。大学生可以向银行提供符合法定条件的第三方保证人或合适的抵押物作为还款保证进行担保贷款。

（2）向非银行金融机构借款。非银行金融机构是指以发行股票和债券、接受信用委托、提供保险等形式筹集资金，并将所筹资金用于长期性投资的金融机构。如信托公司、境外非银行金融机构驻华代表处、农村和城市信用合作社、典当行、保险公司、小额贷款公司等机构。

3. 风险融资

风险投资又称创业投资（Venture Capital，VC），是指在创业企业发展初期，投入风险资本，待其发育相对成熟后，通过市场退出机制，将所投入的资本由股权形态转化为资金形态以收回投资，取得高额风险收益的投资方式。

中国的风险投资从 20 世纪 80 年代起步，经历了 90 年代末的"互联网热"及 21 世纪初的网络泡沫破灭，到 2003 年前后，随着新一波创业浪潮的兴起，中国逐渐成为全球风险投资的热土。近年来，与以往扎堆投资互联网行业不同，新一轮 VC 投资热衷传统项目，例如教育培训、餐饮连锁、清洁技术、汽车市场等。

4. 天使投资

天使投资是指自由投资者或非正式风险投资机构，对具有创意的创业项目或小型初创企业进行的一次性前期投资，其资金来源大多是民间资本，而非专业的风险投资者。他们通常在项目构思阶段就进入，意在获取高额的回报率。

天使投资有三个特点：一是天使投资的金额较小，而且是一次性投入，对风险企业的审查也并不严格，是个体或小型的商业行为。二是天使投资人不但可以带来资金，同时也带来知识、关系网络和社会资源服务。天使投资人一般分为两类，一类是创业成功者，另一类是企业的高管或高校科研机构的专业人员。这些投资者就像"天使"一样，通过自己的资金和专业经验辅导和帮助那些正在创业的人们，用自己的企业家精神来激发后者的创业热情，延续或完成他们的创业梦想。三是投资程序简单，资金到位及时。

近年来中国天使投资人这个群体增速惊人，从 2011 年开始的以移动互联网创业为标志的新一波创业高潮，吸引了更多有条件的人加入到中国天使投资行业中来。李开复、雷军、周鸿祎等近年来耳熟能详的天使投资人逐渐增多。在新东方徐小平、腾讯曾李青等人的带动下，国内成功的民营企业家正逐渐成为天使投资的主力军。

5. 政府扶持基金

创业者还可以利用政府扶持政策获得融资支持。随着我国经济的发展，政府对创业的支持力度从产业的覆盖面到对创业者的支持额度等方面都有了很大进展，由政府提供的扶持基金也在逐步增加。

6. 众筹融资

众筹作为近年来一种新兴的筹资方式，伴随着我国千千万万中小微企业的蓬勃发展而快速成长，被业界视为最具创新与发展潜力的典型互联网金融业态之一。所谓众筹融资，是指通过互联网平台，从大量的个人或组织处获得较少的资金来满足企业、项目或个人资金需求的活动。目前，国内的众筹模式分为债权众筹、股权众筹、产品众筹及捐款众筹。他们的回报方式依次为债权、公司股权、实物奖励和无需回报。

众筹由发起人、跟投人、平台构成，具有低门槛、多样性、依靠大众力量、注重创意等特征。相对于传统的融资方式，众筹更为开放，能否获得资金也不再是以项目的商业价值作为唯一标准。只要是网友喜欢的项目，都可以通过众筹方式获得项目启动的第一笔资金，为更多小本经营或创业人提供了无限的可能。

众筹项目必须在发起人预设的时间内达到或超过目标金额才算成功；在预设天数内，达到或者超过目标金额，众筹项目即成功，发起人可获得资金；筹资项目完成后，支持者将得到发起人预先承诺的回报，回报方式可以是实物也可以是服务。

目前中国众筹平台按照业务种类的不同可分为以人人创、众筹客为代表的股权型平台，以点筹网、淘宝众筹为代表的权益型平台，以维C物权、智仁科为代表的物权型平台，以水滴筹、腾讯乐捐为代表的公益型平台，和以苏宁金融、众筹网为代表的综合型平台。

二、创业融资经验

创业者亟待获得启动资源，但是，创业者也需要积累一定的融资经验。

1. 争取主动

创业企业筹集风险资金的过程的确很艰难。一般来说，风险投资公司一年要听数百位创业者阐述他们的创业计划，可最后投资的企业少之又少。因此，做好准备，把握机会，主动争取创业资金，对中小企业融资相当重要。对创业者来说，融资过程也是推销其公司、产品和梦想的过程。成功的企业家之所以会成功，一个重要的原因就是他懂得怎样向经验最丰富的投资商推销他的第一商品——初创的企业，从而获得资金的支持。

2. 不要廉价出售你的技术或创意

许多创业者急于得到启动或周转资金，往往在中小企业融资时急于求成，给小钱让大股份，轻易地贱卖技术或创意。"只要能获得启动资金就行"，在这种思想的指导下，不少核心技术的拥有者廉价地出售了自己的技术或创意。他们在公司运营一段时间后，才感悟到技术卖便宜了，开始对当初的投资协议不满，造成合作的不愉快，甚至有的还会轻率地提出毁约。因此，不急于求成，同多个合作者谈判是非常必要的。

3. 不要对投资者不负责任

创业不仅是创业者实现理想的过程，更是使投资者的投资保值增值的过程。创业者和投资者是一个事物的两个方面，只有通过企业这个载体发展的过程，才能达到双赢的目标。对投资者负责，也是对自己负责，其道理是只有投资者有钱可赚，他们才会信任你，并且会帮助你做大企业，你才可能成就事业。

4. 对多种融资渠道进行比较

对多种融资渠道进行比较与选择，可以有效降低中小企业融资成本，提高中小企业融资成功率。一方面，创业融资不能为了获得资金而不择手段，不做比较和选择就进行融资；另一方面，做好融资组合，对资本金和债务资金做比较合理的安排，其中的债务资金以不给企业带来风险为前提，股权稀释以不至于失去对创业企业的控制能力为底线。

5. 准备好项目和资金规划

有些创业者以为获得了资金创业就一定会成功，其实不然。当资金进入企业时，如果不能很好地使用资金，企业也会失去发展的动力。中小企业缺乏融资准备的最典型表现是多数创业者对资本的本性缺乏深刻的研究和理解，盲目进行企业融资。资本的本性是逐利，不能让其闲置，这就需要企业先准备好项目，然后进行融资。如果没有项目的支持，要想找到资金支持是很困难的；如果没有资金使用规划，投资者也会因为企业失败而受到损失。中小企业在融资前，应该先将企业梳理一遍，做好相应的准备。中小企业融资时，要能够把企业业务清晰地展示在投资者面前，让投资者看到融资后逐利的可能性和现实性。

6. 建立广泛的金融联系

创业企业要居安思危，在正常经营时就应该考虑融资需要，与提供资金方建立广泛联系，向其介绍企业进展，与其进行资金融通，形成"你中有我、我中有你"的资金融通格局。这种广泛的联系可以使企业在成长期间更容易获得超过基本融资能力、由多方组合成的资金联合支持。

7. 准备必要的融资知识

很多创业者有很强的融资意愿，但缺少中小企业相应的融资知识。真正理解中小企业融资的人很少，很多中小企业融资者总希望托人打个电话、找个熟人、写份商业计划书，就能把钱拿到手，而不用心去研究中小企业融资知识。他们往往把中小企业融资简单化、随意化。由于缺乏必要的中小企业融资知识，中小企业创业者融资视野狭窄，只看到银行贷款或股权融资，不懂得或不知道通过租赁、担保、合作、购并及无形资产输出和转让等方式都可以达到中小企业融资目的。其实，中小企业融资是非常专业的，需要有丰富的中小企业融资经验、广泛的中小企业融资渠道，对资本市场和投资人要有充分的认识和了解，还要有很强的专业策划能力及解决中小企业融资过程中遇到的各种现实问题的运作能力。因此，融资企业必须加强中小企业融资知识的学习和理解。还可以聘请中小企业融资顾问，从培育和铸造企业资金链的高度，帮助企业打造企业发展的资金支撑。

8. 适度包装

有些创业企业为了企业融资，不惜粉饰财务报表，甚至造假进行"包装"，这种情况很容易被专业人员看破，一旦被看破，企业就会失去融资机会。另一种情况，有些创业企业认为自己经营效益好，应该很容易取得中小企业融资，不愿意花时间及精力去"包装"企业，不知道资金方看重的不只是企业短期的利润，更要看企业的发展前景、企业可能面临的风险及创业团队带领员工战胜风险的能力。清晰地进行创业思路的描述就是企业的适度包装，也是创业者理性认识自己事业的一个过程。

9. 建立合理的公司治理结构

企业的规范化管理是企业自身融资能力的体现。很多民营企业虽然在不断扩张、发展，但企业管理却越来越粗放、松散。因为他们忽略了在企业发展的过程中不断完善企业治理结构，增强自身融资能力和规避企业扩张过程中经营风险的能力。企业内部或各部门之间缺乏共同的价值观，没有协调能力，不具备银行评估的基本贷款条件和中小企业融资的条件，这也是造成中小企业贷款、融资难的一个重要原因。

10. 不要轻易对外出具融资担保函

由于创业企业融资比较困难，因此，一些创业企业往往相互进行中小企业融资担保，这种盲目担保往往会给创业企业带来很多意想不到的风险。意气用事和感情用事，结果使创业者深陷财务困境，是创业失败的重要原因。

拓展阅读

天使投资与风险投资的关系

相对而言，天使投资不是那么正式和规范；而风险投资基金的运作是一种正规化、专业化、系统化的大型商业行为，投资人在投入资金的同时更多地投入管理，更注重提供增值服务。天使投资投入的资金规模一般较小，一次性投入，投资人不参与管理，对投资项目的审查不太严格；风险投资一般投资数额较大，往往是几家机构的资金联合进行投资，而且是随着创业企业的发展逐步投入的，其对被投资企业和项目的审查也很严格。

任务三　大学生创业的融资决策

创业融资的方式很多，但大学生创业究竟选择哪种融资渠道，应结合投资的性质、创业企业的资金需求、融资的成本、财务风险、投资回收期、投资收益率、举债能力等因素综合来考虑。

一、融资之前应考虑的问题

项目融资的渠道繁多、方式多样，可是在实际的运作过程当中，项目要想很方便地筹集到经营所需要的资金却是一件十分不容易的事情。因此，大学生在融资以前，必须做好充分的准备，考虑多方面的问题。

第一，认真分析在所有资金来源当中，有可能获得哪一种资金及哪种融资方式可能会对创业有积极作用。

第二，项目长远的发展前景如何，创业项目能否在较短的时期内盈利。

第三，项目会以什么方式让资金提供者获得他所需要的投资回报。第四，多个融资方式可选时，应比较分析各个方案的优缺点，选择最优方案。

大学生只有根据自身的经营和融资需求的特点，选择合适的融资对象和方式，才能顺利地取得融资。

二、不同的融资渠道

创业企业的成长一般可分为4个阶段——种子期、初创期、成长期和成熟期。创业企业在不同的发展阶段具有不同的资本需求特征，大学生创业应该充分考虑不同融资渠道的特点，针对不同阶段采用不同的融资渠道。

大学生创业在不同时期应采用不同的融资渠道

1. 种子阶段

种子阶段是指技术开发和试制阶段，或是商业创意的酝酿与筹备阶段。这一时期的企业面临着高新技术的技术风险、产品的市场风险、创业企业的管理风险，所以投资风险高，风险投资商都会避开这一阶段。同时此阶段的资本需求量较少，故该阶段所融资资金应主要是非营利性的，此时大学生可采用的

融资渠道主要包括私人资本融资、政府扶持基金，以及一部分天使投资。

2. 初创阶段

初创阶段一般是指从产品开发成功到产品试销阶段。这一阶段，企业已经有了一个处于初级阶段的产品，有一项大致的经营计划，初步建立了管理团队，企业基本没有什么策略，很多市场行为都是试探，生存仍然是这个阶段的主要目的。资金要求较种子阶段要高出不少，但成功后的获利仍然很高。这一阶段，那些非营利性的投资，由于法律的限制将不再适应，所以这个阶段的融资渠道主要包括天使投资、风险投资、众筹融资。

3. 成长阶段

成长阶段是技术发展和生产扩大阶段。企业开始营业，初期产品和服务进入发展阶段，有数量有限的消费者试用，费用在增加但销售收入少。发展起来以后企业完成产品定型，开始着手市场开拓计划；随着企业的产品得到承认和市场占有率得到扩大，具有了一定的生产规模，技术和管理较为成熟，从而建立了较稳定的市场声誉；企业销售收入快速增加，但仍然是以销售为导向。此时，通常可以通过机构融资如银行贷款、融资租赁等融资渠道来补充流动资金，并完善其资本结构。

4. 成熟阶段

成熟阶段是指在最初的试销阶段获得成功后，企业规模扩大，销售快速增长，有了较高的获利能力，有的创业企业开始多元化经营。这时，企业关注的主要问题是筹集足够的资金以支持快速成长。该阶段仍需筹集拓展资金。由于企业的市场信誉开始建立，并接近于公开上市的飞跃发展时期。这阶段的融资渠道主要是向非银行金融机构筹款，例如发行股票和债券、私募资金等。

三、创业融资的选择策略

融资的途径和方式是多种多样的，根据不同的标准可以有不同的分类方法。根据融资产权属性（资金供应方是否拥有企业所有权）可以将创业融资分为股权融资和债权融资。

1. 股权融资

股权融资是指企业的股东愿意让出部分企业所有权，通过企业增资的方式引进新的股东的融资方式。股权融资所获得的资金，企业无需还本付息，但新股东将与老股东同样分享企业的盈利与增长。筹集资金的渠道主要有自有资本、私人资本融资、风险投资和私募基金等。

股权融资的优势是可以避免债务融资中还本付息的硬性约束，资金用途的广泛，既可以充实企业的营运资金，也可以用于企业的投资活动，有利于创业项目筹措长期的资金；劣势在于会使创业者所占的企业股份比例下降，造成原有投资者对企业控制权的稀释。股权融资风险较大，资金成本较高，同时还需要承担一定的发行费用。

2. 债权融资

债权融资也称债务融资，是指企业通过借钱的方式进行融资，到期偿还本金和利息的融资方式。投资人不作为创业者的合伙人和股东。筹集资金的渠道主要有私人资本融资、银行贷款、发行债券等。

债权融资的优势在于不出卖创业者的股权，不涉及企业所有权出让，从而在权益上获得更大的回报；劣势在于定期（按月）支付利息，还款造成现金流量压力增加，债务过多将抑制企业的成长和发展。

3. 股权融资与债权融资的比较

大学生创业者在筹集资金时应对二者的优缺点进行比较（表6-2），并考虑企业的资金需要量、资金的可得性、宏观理财环境、筹资的成本、风险和收益，以及控制权分散等问题来进行综合分析。

表6-2　股权融资与债权融资的比较

比较项目	股权融资	债权融资
本金	永久性资本，保证企业最低的资金需要	到期归还本金
资金成本	根据企业经营情况变动，相对较高	事先约定固定金额的利息，较低
风险承担	高风险	低风险
企业控制权	按比例或约定享有，分散企业控制权	无，企业控制权得到维护
资金使用限制	限制条款少	限制条款多

创业企业要获得必需的创业资金，就需要了解各种融资渠道的优缺点，根据筹资机会的大小、创业者对企业未来的所有权规划、项目的发展战略规划、投资计划、运营情况预测，制定短、中、长期的资金需求计划，充分权衡利弊，确定所要采用的融资渠道。

拓展阅读

大学生向亲友融资需要注意的三个问题？

对大学生来讲，无论是出于对生活的帮助，还是对其事业的支持，亲朋好友都会在其创业起步阶段借给部分资金，而不像专业投资者那样要求快速的回报。同时，亲朋好友不会像专业的天使投资人那样，要求创业者有成熟的商业模式和准确的财务报表，但是他们也希望看到一些事情，例如激情、沟通、价值、共同分享利润等。所以大学生向亲朋好友融资的时候一定注意以下三点。

1. 如实说明借款原因

在借款之前，你应当向家人或朋友如实说明你的经营情况与项目，把你的资金状况和缺口告诉他们，看看他们是否愿意将钱借给你。

2. 展示项目的优势

首先要分析项目预期收入，其次分析项目的风险，最后是要明确地告诉他们项目在多长时间内能够挣钱，多久能还清他们的借款。

3. 亲兄弟，明算账

无论你是从家人还是从朋友那里借款，都要打上一张借条，写明借款的时间、地点、数目与条件。其中"条件"是指参照当时的银行利息制定的还本付息的计划。

思考练习

1. 为什么融资成为创业的一大难题？

2. 创业融资的主要渠道有哪些？

3. 天使投资与风险投资有什么不同？

4. 对于创业者而言，债权融资与股权融资各有什么优缺点？

实训练习

训练项目 1 分析融资渠道与战略

流程 1 阅读材料

在广州有这样一家餐厅——比逗，是由一群充满激情的"90后"创立的。餐厅总投资为 85 万元，核心团队此前已经筹集到 50 万元资金，剩余资金通过众筹的方式向校内的同学筹集，并在一个月的时间内筹集到了。由于比逗通过众筹的方式筹集资金，很快在学生当中传播开来，知名度迅速覆盖了当地两所高校。其中一位创始人介绍道，众筹股东每股 1000 元，每位需出资至少 1000 元，最多 5000 元，享有 1～5 股的分红权。同时，股东有义务积极向朋友介绍推荐。他说："运营至今，我们没做过任何宣传，只是通过微信线上传播，现在每天都有不错的客流量，日均收入 4000 元左右，基本达到收支平衡。"此外，比逗还在大学城开了一家分店，客流量也相当可观。

流程 2 分析资金渠道

根据以上材料，请分析一下比逗餐厅的资金渠道有哪些？你是如何理解众筹的？众筹有哪些流程？

流程 3 拓展资金渠道

创业时，除了上述渠道，你还知道哪些资金渠道？请搜集相关资料，将你找到的资金渠道记录下来。

流程 4 分析融资战略

上述每一种资金渠道都需要采用特定的融资战略才能筹集到资金。请查找相关资料，分析每种渠道都可以采用哪些融资战略，将其记录下来。

实训思考：

大部分创业者会通过哪些渠道融资？如果创业，你周围的同学会采用何种战略进行融资？

训练项目 2 拟定一份融资计划

结合本章介绍的融资渠道，为你的创业方案拟定一份融资计划，要求如下：

1. 测算一下你的创业项目所需的资金。

2. 列出可能寻求的主要融资渠道。

3.你所在的城市、大学或你计划投入的行业是否有对创业活动的扶持政策，请尽量搜集这些信息，讨论哪些可能为你提供创业资金。

项目七 创业实务

📋 学习目标

知识目标：

1. 了解大学生创业优惠政策；

2. 了解大学生设立企业应遵循的法律。

能力目标：

1. 理解国家对大学生创业扶持政策的具体内涵；

2. 学会将相关政策法规应用到实际创业活动中去。

📋 关键概念

政策 法律 法规

案例导入

大学生小龙来自一个偏远的乡村，他通过努力地学习成为他们村唯一一个考上名牌大学的人。小龙在校期间勤于专业学习和实验，自己发明的生物化学相关设备技术获批了国家发明专利。毕业后他也曾想过将自己的设备技术投入生产，但是由于父母亲戚资金供给不足，并且自己也没有拉到投资商，他的"创业梦"就此破灭。而在3年后，他发现自己的专利竟然被师兄"借用"去生产，并且还取得了不错的收益。他去理论，但师兄竟然说他的专利权已经到期，现在是共有财产，小龙感到十分失望。

思考与讨论：

1. 小龙的什么权利受到了侵犯？

2. 通过本案例我们应在创业时得到什么启示？

知识学堂

任务一　创业政策法规概述

一、创业法规

大学生创业过程中自身是否具备法律意识和法律理性，是否了解和掌握与其创业相关的法律法规是能否依法创业的关键，因此大学生创业的法律教育就显得尤为重要。创业法律教育不仅可以指导大学生在校期间规避风险，也可以对大学生真正走入社会后的独立创业起到很好的指导作用。

大学生创业涉及的共性法律问题主要包括以下几类。

1. 创业初始阶段涉及的资金、设备场地以及办公场所等相关法律问题

大学生普遍没有财产可供抵押，又无银行个人信用记录，导致贷款困难。此时应该多寻求行政干预和支持，各地针对高校自主创业的学生在工商注册、小额担保贷款、税费减免等方面出台的各项优惠政策就尤为重要，学生需要在法律教育中对其全面了解并加以利用。

创业所需的校内设备场地问题一般都能在创业基地通过项目申报解决，但对于一些涉及在校外租赁店面及办公场所的创业项目，这就需要创业者了解《中华人民共和国民法典》中关于房屋租赁的相关法律规定。

2. 创业拓展阶段关于设立经营实体，进行行政审批的相关法律问题

对于创业经济组织的具体责任形式，《中华人民共和国个人独资企业法》《中

华人民共和国公司法》《中华人民共和国中外合资经营企业法》以及《中华人民共和国中外合作经营企业法》等一系列法规都有不同的规定，制定了多种企业组织形式。2005 年修订的《中华人民共和国公司法》中增加的一人有限责任公司的规定以及 2006 年修订的《中华人民共和国合伙企业法》中增加的有限合伙企业的规定，对大学生创业有很好的辅助作用，可部分解决大学生创业存在的资金规模较小、筹措资金困难等问题。同时大学生创业需要依据《企业登记管理条例》《中华人民共和国公司登记管理条例》以及消防、卫生等行政审批程序的一些具体规定办理相关手续。

3. 创业经营阶段涉及的市场交易及管理的相关法律问题

创业经营必然涉及市场主体间的各种交易行为，无论是从合同的订立到合同的履行，还是违约责任的承担，都与《中华人民共和国民法典》关系密切。同时应了解《中华人民共和国产品质量法》《中华人民共和国劳动法》《中华人民共和国票据法》《中华人民共和国保险法》《中华人民共和国反不正当竞争法》等法律中与创业有关的规定。

4. 创业经营阶段涉及的知识产权的相关法律问题

创业经营阶段应该在法律允许的范围内使用他人的知识产权。目前我国已经建立了一个比较完备的知识产权法律保护体系，主要包括《中华人民共和国商标法》《中华人民共和国著作权法》《中华人民共和国专利法》等法律法规。大学生创业之初可以利用专利先行公开的特点，合理利用现有专利给自己的创业提供技术开发的思路和可行性支持，同时又要保证不侵犯他人的专利权。具体经营中如何合法使用商标、专利等知识产权都是创业法律教育的重点内容。

5. 创业过程中纠纷解决的相关法律问题

大学生创业要了解《中华人民共和国民事诉讼法》《中华人民共和国行政诉讼法》《中华人民共和国仲裁法》中规定的具体诉讼程序，要具有积极搜集证据的法律意识，面对交易金额较大、商品较多的经济往来要多采用书面合同。

二、创业政策

为支持大学生创业，中央和地方各级政府出台了许多优惠政策，涉及融资、开业、税收、创业培训、创业指导等诸多方面。对打算创业的大学生来说，了解这些政策，才能走好创业的第一步。

1. 放宽市场准入条件

（1）初创企业时，允许按行业特点放宽企业资金、人员准入条件，注册资金可分期到位。

（2）按照相关规定可将家庭住所、租借房、临时商业用房等作为注册地点及创业经营场所。

2. 享受资金扶持政策

（1）在当地人力资源和社会保障机构登记求职后从事个体经营，自筹资金不足的，可按规定申请小额担保贷款；从事微利项目的，可按规定享受贴息扶持；合伙经营的，贷款规模可适当扩大。

（2）视当地情况，可申请大学生创业基金。

3. 实行税费减免政策

（1）毕业 2 年以内的普通高校毕业生从事个体经营（除国家限制的行业外）的，自其在工商部门首次注册登记之日起 3 年内，免收管理类、登记类和证照类等有关行政事业性收费。

（2）从事农、林、牧、渔、环境保护、节能节水等行业，开办高新技术企业、软件企业、动漫企业或小型微利企业等，均可依法享受国家现行规定的税费减免政策。

4. 提供培训指导服务

（1）登记求职后，可参加当地人力资源和社会保障部门举办的不少于 10 天的创业培训，符合条件的可领取创业培训补贴。

（2）进入"高校学生科技创业实习基地"创办企业，可以享受减免 12 个月的房租、专业技术服务与咨询、相应的公共设施以及公共信息平台服务等。

（3）在办理自主创业行政审批事项时，可以通过"绿色通道"享受联合审批、一站式服务、限时办结和承诺服务等。

（4）自主创业的高校毕业生申报灵活就业时，可以免费享受劳动保障和人事代理服务。

任何扶持政策只能帮助大学生创业，创业的成功关键还在于创业者本身。大学生创业一方面要有自力更生的独立意识和担当能力；另一方面也要学会审时度势，用好一切可以利用的条件，"好风凭借力，送我上青云"。大学生应充分吃透国家对大学生创业提供的扶持政策，全面分析哪些政策是对自己有利的，而非一知半解。尽管有些政策的表述听上去很简单，但是其中隐含或涉及的问题比想象中要复杂很多，因此应该将这些政策与自身的实际情况一一对照，并且向有关部门咨询疑问、顾虑。这样，不仅可以了解到这些政策在现实中的落实情况，还能在申报项目或贷款审批的过程中减少不必要的问题。

任务二　政府对创新创业的扶持政策

一、《普通高校学生自主创业政策公告》

1. 税收优惠政策

持人社部门核发《就业创业证》的高校毕业生在毕业年度内创办个体工商户的，可按规定在 3 年内以每户每年 12000 元为限额（最高可上浮 20%，具体由各省、自治区、直辖市人民政府根据本地区实际情况确定）依次扣减其当年实际应缴纳的增值税、城市维护建设税、教育费附加、地方教育附加和个人所得税。

对高校毕业生创办小微企业的，可按规定享受小微企业普惠性税费政策；创办个体工商户的，对其年应纳税所得额不超过 100 万元的部分，在现行优惠政策基础上减半征收个人所得税。

2. 担保贷款和贴息政策

创业担保贷款和贴息支持：可在创业地申请创业担保贷款，最高贷款额度为 20 万，对符合条件的个人合伙创业的，可根据合伙创业人数适当提高贷款额度，最高不超过总额的 10%。对 10 万元及以下贷款、获得设区的市级以上荣誉的高校毕业生创业者免除反担保要求；对高校毕业生设立的符合条件的小微企业，最高贷款额度提高至 300

万元，财政按规定给予贴息。

创业担保贷款申请程序：申请创业担保贷款贴息支持的个人和小微企业应向当地人力资源社会保障部门申请资格审核，通过资格审核的个人和小微企业，向当地创业担保贷款担保基金运营管理机构和经办银行提交担保和贷款申请，符合相关担保和贷款条件的，与经办银行签订创业担保贷款合同。

3. 资金扶持政策

免收有关行政事业性收费：毕业 2 年以内的普通高校毕业生从事个体经营的，3 年内，免收管理类、登记类和证照类等有关行政事业性收费。

求职创业补贴：对在毕业学年有就业创业意愿并积极求职创业的低保家庭、贫困残疾人家庭、原建档立卡贫困家庭和特困人员中的高校毕业生，残疾及获得国家助学贷款的高校毕业生，给予一次性求职创业补贴。

一次性创业补贴：对首次创办小微企业或从事个体经营，且所创办企业或个体工商户自工商登记注册之日起正常运营 1 年以上的离校 2 年内高校毕业生，试点给予一次性创业补贴。

享受培训补贴：对大学生在毕业年度内参加创业培训的，按规定给予培训补贴。

4. 工商登记政策

简化注册登记手续：创办企业，只需填写"一张表格"，向"一个窗口"提交"一套材料"，登记部门直接核发加载统一社会信用代码的营业执照，"多证合一"。

5. 户籍政策

取消落户限制：高校毕业生可在创业地办理落户手续（直辖市有关规定执行）。

6. 创业服务政策

免费创业服务：可免费获得公共就业和人才服务机构提供的创业指导服务。

技术创新服务：各地区、各高校和科研院所的实验室以及科研仪器、设施等科技创新资源可以面向大学生开放共享，提供低价、优质的专业服务。

创业场地服务：鼓励各类孵化器面向大学生创新创业团队开放一定比例的免费孵化空间。政府投资开发的孵化器等创业载体应安排 30% 左右的场地，免费提供给高校毕业生。有条件的地方可对高校毕业生到孵化器创业给予租金补贴。

创业保障政策：加大对创业失败大学生的扶持力度，按规定提供就业服务、就业援助和社会救助。毕业后创业的大学生可按规定缴纳"五险一金"。

7. 学籍管理政策

折算学分：各高校要设置合理的创新创业学分，建立创新创业学分积累与转换制度，探索将学生开展自主创业等情况折算成学分。

弹性学制：学校可以根据情况建立并实行灵活的学习制度，可放宽学生修业年限，保留学籍休学创新创业。

二、《国务院办公厅关于进一步支持大学生创新创业的指导意见》

各省、自治区、直辖市人民政府，国务院各部委、各直属机构：

纵深推进大众创业万众创新是深入实施创新驱动发展战略的重要支撑，大学生是大众创业万众创新的生力军，支持大学生创新创业具有重要意义。近年来，越来越多的大学生投身创新创业实践，但也面临融资难、经验少、服务不到位等问题。为提升大学生创新创业能力、增强创新活力，进一步支持大学生创新创业，经国务院同意，现提出以下意见。

1. 总体要求

以习近平新时代中国特色社会主义思想为指导，深入贯彻落实党的十九大和十九届二中、三中、四中、五中全会精神，全面贯彻党的教育方针，落实立德树人根本任务，立足新发展阶段、贯彻新发展理念、构建新发展格局，坚持创新引领创业、创业带动就业，支持在校大学生提升创新创业能力，支持高校毕业生创业就业，提升人力资源素质，促进大学生全面发展，实现大学生更加充分更高质量就业。

2. 提升大学生创新创业能力

将创新创业教育贯穿人才培养全过程。深化高校创新创业教育改革，健全课堂教学、自主学习、结合实践、指导帮扶、文化引领融为一体的高校创新创业教育体系，增强大学生的创新精神、创业意识和创新创业能力。建立以创新创业为导向的新型人才培养模式，健全校校、校企、校地、校所协同的创新创业人才培养机制，打造一批创新

创业教育特色示范课程。（教育部牵头，人力资源社会保障部等按职责分工负责）

提升教师创新创业教育教学能力。强化高校教师创新创业教育教学能力和素养培训，改革教学方法和考核方式，推动教师把国际前沿学术发展、最新研究成果和实践经验融入课堂教学。完善高校双创指导教师到行业企业挂职锻炼的保障激励政策。实施高校双创校外导师专项人才计划，探索实施驻校企业家制度，吸引更多各行各业优秀人才担任双创导师。支持建设一批双创导师培训基地，定期开展培训。（教育部牵头，人力资源社会保障部等按职责分工负责）

加强大学生创新创业培训。打造一批高校创新创业培训活动品牌，创新培训模式，面向大学生开展高质量、有针对性的创新创业培训，提升大学生创新创业能力。组织双创导师深入校园举办创业大讲堂，进行创业政策解读、经验分享、实践指导等。支持各类创新创业大赛对大学生创业者给予倾斜。（人力资源社会保障部、教育部等按职责分工负责）

3. 优化大学生创新创业环境

降低大学生创新创业门槛。持续提升企业开办服务能力，为大学生创业提供高效便捷的登记服务。推动众创空间、孵化器、加速器、产业园全链条发展，鼓励各类孵化器面向大学生创新创业团队开放一定比例的免费孵化空间，并将开放情况纳入国家级科技企业孵化器考核评价，降低大学生创新创业团队入驻条件。政府投资开发的孵化器等创业载体应安排 30% 左右的场地，免费提供给高校毕业生。有条件的地方可对高校毕业生到孵化器创业给予租金补贴。（科技部、教育部、市场监管总局等和地方各级人民政府按职责分工负责）

便利化服务大学生创新创业。完善科技创新资源开放共享平台，强化对大学生的技术创新服务。各地区、各高校和科研院所的实验室以及科研仪器、设施等科技创新资源可以面向大学生开放共享，提供低价、优质的专业服务，支持大学生创新创业。支持行业企业面向大学生发布企业需求清单，引导大学生精准创新创业。鼓励国有大中型企业面向高校和大学生发布技术创新需求，开展"揭榜挂帅"。（科技部、发展改革委、教育部、国资委等按职责分工负责）

落实大学生创新创业保障政策。落实大学生创业帮扶政策，加大对创业失败大学生的扶持力度，按规定提供就业服务、就业援助和社会救助。加强政府支持引导，发挥市场主渠道作用，鼓励有条件的地方探索建立大学生创业风险救助机制，可采取创业风险补贴、商业险保费补助等方式予以支持，积极研究更加精准、有效的帮扶措施，及时总结经验、适时推广。毕业后创业的大学生可按规定缴纳"五险一金"，减少大学生创业的后顾之忧。（人力资源社会保障部、教育部、财政部、民政部、医保局等和地方各级人民政府按职责分工负责）

4. 加强大学生创新创业服务平台建设

建强高校创新创业实践平台。充分发挥大学科技园、大学生创业园、大学生创客空间等校内创新创业实践平台作用，面向在校大学生免费开放，开展专业化孵化服务。结合学校学科专业特色优势，联合有关行业企业建设一批校外大学生双创实践教学基地，深入实施大学生创新创业训练计划。（教育部、科技部、人力资源社会保障部等按职责分工负责）

提升大众创业万众创新示范基地带动作用。加强双创示范基地建设，深入实施创业就业"校企行"专项行动，推动企业示范基地和高校示范基地结对共建、建立稳定合作关系。指导高校示范基地所在城市主动规划和布局高校周边产业，积极承接大学生创新成果和人才等要素，打造"城校共生"的创新创业生态。推动中央企业、科研院所和相关公共服务机构利用自身技术、人才、场地、资本等优势，为大学生建设集研发、孵化、投资等于一体的创业创新培育中心、互联网双创平台、孵化器和科技产业园区。（发展改革委、教育部、科技部、国资委等按职责分工负责）

5. 推动落实大学生创新创业财税扶持政策

继续加大对高校创新创业教育的支持力度。在现有基础上，加大教育部中央彩票公益金大学生创新创业教育发展资金支持力度。加大中央高校教育教学改革专项资金支持力度，将创新创业教育和大学生创新创业情况作为资金分配重要因素。（财政部、教育部等按职责分工负责）

落实落细减税降费政策。高校毕业生在毕业年度内从事个体经营，符合规定条件的，在3年内按一定限额依次扣减其当年实际应缴纳的增值税、城市维护建设税、教育费附加、地方教育附加和个人所得税；对月销售额15万元以下的小规模纳税人免征增值税，对小微企业和个体工商户按规定减免所得税。对创业投资企业、天使投资人投资于未上市的中小高新技术企业以及种子期、初创期科技型企业的投资额，按规定抵扣所得税应纳税所得额。对国家级、省级科技企业孵化器和大学科技园以及国家备案众创空间按规定免征增值税、房产税、城镇土地使用税。做好纳税服务，建立对接机制，强化精准支持。（财政部、税务总局等按职责分工负责）

6. 加强对大学生创新创业的金融政策支持

落实普惠金融政策。鼓励金融机构按照市场化、商业可持续原则对大学生创业项目提供金融服务，解决大学生创业融资难题。落实创业担保贷款政策及贴息政策，将高校毕业生个人最高贷款额度提高至 20 万元，对 10 万元以下贷款、获得设区的市级以上荣誉的高校毕业生创业者免除反担保要求；对高校毕业生设立的符合条件的小微企业，最高贷款额度提高至 300 万元；降低贷款利率，简化贷款申报审核流程，提高贷款便利性，支持符合条件的高校毕业生创业就业。鼓励和引导金融机构加快产品和服务创新，为符合条件的大学生创业项目提供金融服务。（财政部、人力资源社会保障部、人民银行、银保监会等按职责分工负责）

引导社会资本支持大学生创新创业。充分发挥社会资本作用，以市场化机制促进社会资源与大学生创新创业需求更好对接，引导创新创业平台投资基金和社会资本参与大学生创业项目早期投资与投智，助力大学生创新创业项目健康成长。加快发展天使投资，培育一批天使投资人和创业投资机构。发挥财政政策作用，落实税收政策，支持天使投资、创业投资发展，推动大学生创新创业。（发展改革委、财政部、税务总局、证监会等按职责分工负责）

7. 促进大学生创新创业成果转化

完善成果转化机制。研究设立大学生创新创业成果转化服务机构，建立相关成果与行业产业对接长效机制，促进大学生创新创业成果在有关行业企业推广应用。做好大学生创新项目的知识产权确权、保护等工作，强化激励导向，加快落实以增加知识价值为导向的分配政策，落实成果转化奖励和收益分配办法。加强面向大学生的科技成果转化培训课程建设。（科技部、教育部、知识产权局等按职责分工负责）

强化成果转化服务。推动地方、企业和大学生创新创业团队加强合作对接，拓宽成果转化渠道，为创新成果转化和创业项目落地提供帮助。鼓励国有大中型企业和产教融合型企业利用孵化器、产业园等平台，支持高校科技成果转化，促进高校科技成果和大学生创新创业项目落地发展。汇集政府、企业、高校及社会资源，加强对中国国际"互联网+"大学生创新创业大赛中涌现的优秀创新创业项目的后续跟踪支持，落实科技成果转化相关税收优惠政策，推动一批大赛优秀项目落地，支持获奖项目成果转化，形成大学生创新创业示范效应。（教育部、科技部、发展改革委、财政部、国资委、税务总局等按职责分工负责）

8. 办好中国国际"互联网+"大学生创新创业大赛

完善大赛可持续发展机制。鼓励省级人民政府积极承办大赛，压实主办职责，进一步加强组织领导和综合协调，落实配套支持政策和条件保障。坚持政府引导、公益支持，支持行业企业深化赛事合作，拓宽办赛资金筹措渠道，适当增加大赛冠名赞助经费额度。充分利用市场化方式，研究推动中央企业、社会资本发起成立中国国际"互联网+"大学生创新创业大赛项目专项发展基金。（教育部、国资委、证监会、建设银行等按职责分工负责）

打造创新创业大赛品牌。强化大赛创新创业教育实践平台作用，鼓励各学段学生积极参赛。坚持以赛促教、以赛促学、以赛促创，丰富竞赛形式和内容。建立健全中国国际"互联网+"大学生创新创业大赛与各级各类创新创业比赛联动机制，推进大赛国际化进程，搭建全球性创新创业竞赛平台，深化创新创业教育国际交流合作。（教育部等按职责分工负责）

9. 加强大学生创新创业信息服务

建立大学生创新创业信息服务平台。汇集创新创业帮扶政策、产业激励政策和全国创新创业教育优质资源，加强信息资源整合，做好国家和地方的政策发布、解读等工作。及时收集国家、区域、行业需求，为大学生精准推送行业和市场动向等信息。加强对创新创业大学生和项目的跟踪、服务，畅通供需对接渠道，支持各地积极举办大学生创新创业项目需求与投融资对接会。（教育部、发展改革委、人力资源社会保障部等按职责分工负责）

加强宣传引导。大力宣传加强高校创新创业教育、促进大学生创新创业的必要性、重要性。及时总结推广各地区、各高校的好经验好做法，选树大学生创新创业成功典型，丰富宣传形式，培育创客文化，营造敢为人先、宽容失败的环境，形成支持大学生创新创业的社会氛围。做好政策宣传宣讲，推动大学生用足用好税费减免、企业登记等支持政策。（教育部、中央宣传部牵头，地方各级人民政府、各有关部门按职责分工负责）

各地区、各有关部门要认真贯彻落实党中央、国务院决策部署，抓好本意见的贯彻落实。教育部要会同有关部门加强协调指导，督促支持大学生创新创业各项政策的落实，加强经验交流和推广。地方各级人民政府要加强组织领导，深入了解情况，优化创新创业环境，积极研究制定和落实支持大学生创新创业的政策措施，及时帮助大学生解决实际问题。

国务院办公厅

2021 年 9 月 22 日

任务三　企业创办的相关法律

中小企业的形式主要是有限责任公司，公司是拟制的人格，按照公司从成立、经营到解散或破产的顺序，和中、小企业密切相关的法律、法规主要包括以下方面。

一、公司成立之初相关法律

1.《中华人民共和国公司法》

《中华人民共和国公司法》是规范公司行为的基本法律，公司的设立、股东资格、公司章程、股东责任、股东权利、公司高管、公司解散、清算等事项，都应当按照公司法的规定来进行，是贯穿中、小企业始终的一部法律。

2.《中华人民共和国公司登记管理条例》

《中华人民共和国公司登记管理条例》是公司设立、年检、注销必须遵循的法规。

二、公司成立运营期间相关法律

1.《中华人民共和国民法典》

公司成立的目的是盈利，而盈利离不开交易。《中华人民共和国民法典》是规范市场交易的法律，是民事主体进行经济活动所遵循的主要法律。合同涵盖的内容广泛，不仅商品交易需要订立合同，涉及公司的股权交易、知识产权交易、物权变动等事项也均需有合同保障，均受《中华人民共和国民法典》的调整。

公司经营所得，涉及的土地、房产等不动产以及交易有些动产，是需要登记才能取得物权的，这部分物权的取得受《中华人民共和国民法典》的调整。同时，《中华人民共和国土地管理法》《中华人民共和国城市房地产管理法》也是涉及土地、房产物权方面应当遵循的法律。另外，物权具有担保功能，在涉及物权担保时，必须遵守《中华人民共和国民法典》的相关规定。

公司在运转的过程中，可能因为股东婚姻、继承事项的出现，而导致股东或股份的变动，受到《中华人民共和国民法典》的调整。

2. 金融类法律

公司成立之后，运营期间要支付结算、贷款融资时，涉及的法律、法规有《贷款通则》《中华人民共和国票据法》《中华人民共和国证券法》等。

公司为了分散风险以及交通工具类因国家强制规定而必须或选择的保险，涉及《中华人民共和国保险法》的相关规定。

3. 知识产权类的法律

公司要有自己的商誉，同时还会给自己的产品或者服务注册商标，有自己的商业秘密和专利技术。这些涉及《中华人民共和国商标法》《中华人民共和国专利法》《中华人民共和国反不正当竞争法》的调整。

公司经营中不仅可能涉及为人担保，也可能涉及找人担保，这方面受到《中华人民共和国民法典》的调整。

4. 税收类的法律

公司作为最重要的纳税义务人，在缴纳税款的时候要遵循《中华人民共和国增值税法》《中华人民共和国企业所得税法》《中华人民共和国个人所得税法》《中华人民共和国税收征收管理法》等法律的规范和约束。

5. 劳动类法律

公司经营离不开人，公司作为用人单位需要遵守《中华人民共和国劳动法》《中华人民共和国劳动合同法》及配套法规的规定，为劳动者缴纳各种社会保险。

6. 会计法

公司运转的各种经济指标都要用数字来体现，需要遵守《中华人民共和国会计法》及配套法规的规定。

三、公司终止时相关法律

公司的终止，就是公司作为法人人格的消灭，无论是股东自行决定解散还是申请法院解散，都要成立清算组，这时的操作要受《中华人民共和国公司法》的调整；而到了资不抵债的时候，申请破产就要受《中华人民共和国企业破产法》的调整。

因为公司是拟制的"人"，从"生"到"长"一直到"消灭"，都是一系列的法律行为，所以均要遵守法律规定。以上是和以公司为主要存在形式的中、小企业密切相关的部分法律法规。

透过上述主要法律法规我们可以看到，国家为了保障公司的正常运转，设计了一系列的法律规范，可以形象地说，公司就是在"法网"里运转的经济体。

思考练习

1. 大学生创业涉及的各种共性法律问题主要包括哪些？

2. 企业创办过程的相关法律有哪些？

实训练习

训练项目1　了解身边的创业政策

1. 目标：搜集创业扶持和优惠政策。

2.时间：课余时间。

3.过程：通过调研，搜集学校及所在地政府出台的鼓励创新创业的政策文件及具体举措，班级同学间交流并整理汇总。

训练项目2 政策分析

针对自己拟创办的企业，分析可享受哪些优惠政策，如何利用，有哪些政策风险。

项目八　创业计划书

学习目标

知识目标：

1. 了解创业计划书的主要内容及写法；

2. 了解路演的 PPT 设计及基本技巧。

能力目标：

创业计划书

1. 会撰写创业计划书和设计路演 PPT；

2. 通过创业计划书的撰写和路演 PPT 的设计，梳理打磨创业项目，促进项目的发展。

关键概念

创业计划书　路演

案例导入

　　听障大学生张明，对陶艺非常感兴趣，考入特殊教育学校后，在大学期间系统学习了陶艺专业。他学习认真努力，专业技术水平高，有着过硬的专业能力，在实习和打工过程中，对陶艺行业的发展也有了进一步了解。毕业后他想自己创业，开一间陶艺工作室。

　　然而在筹集创业资金、招募创业伙伴的过程中，他却遇到了困难。他多次与一些风险投资机构和个人投资者商谈，反复强调他爱好陶艺，制作的作品好，受到大家的高度评价，并且信誓旦旦地保证，投资他的工作室一定能有好的回报，但是总是难以令对方信服。投资人问到的很多问题，他都无法回答，比如：你的作品每个月能有多大的销售量？你的作品主要卖给谁？你的销售渠道是什么？你的运营成本主要包括哪些？……他邀请了很多同学加入工作室，但这些同学对工作室的前景都没有信心。

后来，一位朋友的话点醒了他，"你连一份像样的创业计划书都没有，怎么让别人相信你？投资者凭什么给你投资？"于是，向相关专家请教后，张明认真查阅了大量资料，对工作室的定位、发展、市场、经营、财务等方面进行了全面梳理和调查分析论证，在一个月后拿出了一份创业计划书，经过几位专家的指导后，又进行了修改和完善。凭着这份创业计划书，张明不久就找到了投资，员工招聘问题也迎刃而解。

思考与讨论：

1. 为什么开始时张明信誓旦旦的保证无法令投资者相信，连招聘团队成员都困难？

2. 创业计划书对张明的创业起到了什么作用？

知识学堂

任务一 创业计划书概述

一、什么是创业计划书

创业计划书是创业者就某一项具有市场前景的新产品或者服务，向潜在投资者、风险投资公司、合作伙伴等游说以取得合作支持或风险投资的可行性商业报告，又叫商业计划书（简称"商业 BP"）或项目计划书。

二、创业计划书的作用

创业计划书编写技巧

1. 撰写创业计划书的目的

撰写创业计划书的目的一般有两个。

一是创业融资。在创业前期或创业中期利用创业计划书寻找投资。只有比较完备的创业计划书，才能获得外部投资者的初步信任，投资者才有可能把钱投进你的公司。因此，创业计划书是融资过程中不可缺少的一部分。

二是作为公司的发展规划。很多人错误地认为创业者只有在融资时才需要创业计划书，实际上公司的每个阶段都需要一份计划书，它不仅有助于公司的资本运作，而且有助于公司思考并确定中长期的发展战略和规划。

2.创业计划书的作用

创业计划书在实现上述目的的过程中，具有指导性等重要功能。例如，它可用于指导创业筹备与运营，帮助创业者理清思路，做出正确判断；作为对外宣传的重要媒介，向相关人士说明创业情况，争取合作伙伴加入及资金投入；用于特定的创业贷款。

因此，创业计划书的突出作用，可以概括为：一是提高创业的成功率；二是实现创业融资。进一步来说，也就是对内要理清思路：我们是谁，要干什么，能干多大，为什么是我们干，我们做了什么，与愿景目标的差距，如何弥补差距等；对外要筹集资金：本轮筹资的额度、持股比例，企业估值的方式方法，投资者的权利、保障、退出渠道，下一轮融资时投资者的估值几何等。

任务二　创业计划书的写法

一、创业计划书的基本格式

创业计划书的内容几乎包括所有投资商感兴趣的内容，例如企业成长经历、产品服务、市场营销、管理团队、股权结构、组织人事、财务、运营、融资方案等。只有内容翔实、数据丰富、体系完整、装订精致，才能吸引投资商；只有让他们看懂你的项目商业运作计划，才能使你的融资需求变成现实。创业计划书的质量对项目融资至关重要。

创业计划书由三大部分构成：一是项目或事业的主体部分；二是相关数据，例如营业额预测，成本、利润的分析与预测，未来所需资金数量等；三是补充文件，例如专利证明、营业执照或证书，或者意向书、推荐函等。

创业计划书没有统一的模板，一般包括封面（标题页）、保密要求、目录、摘要、正文、附录几大部分。

二、创业计划书的内容、要点及写法

1. 封面

封面可以放一张企业的项目或产品彩图，但需留出足够的版面排列以下内容：创业计划书编号、公司名称、项目名称、项目单位、地址、电话、传真、电子邮件、联系人、公司主页及日期等。

2. 保密要求

保密要求可放在标题页，也可放在第二页，主要是要求投资方项目经理妥善保管创业计划书，未经融资企业同意，不得向第三方公开创业计划书涉及的商业秘密。

3. 目录

目录标明各部分内容及页码，要注意确认目录页码同内容的一致性。

4. 摘要

摘要是为了吸引战略合伙人或风险投资人的注意而将创业计划书的核心、要点及特色提炼出来的部分，是整个创业计划书的精华。因而摘要一定要简练，一目了然，能在短时间内给投资者留下深刻的印象。在摘要中，要用简单的句子对以下信息做简要的介绍：公司定位、产品／服务概括、市场机会概述、核心商业模式和盈利模式、未来的计划、愿景宣言。一般要求在 2 页之内完成。

摘要如同推销产品的广告，让投资人或团队成员通过看摘要能够清楚地了解公司业务或创业项目的主要亮点。特别要详细说明本公司的不同之处以及公司获取成功的市场因素，向潜在的投资者表明，本创业计划书推荐的是一个有着较大发展空间和盈利空间的合作机会。

5. 正文

（1）企业介绍

这一部分向战略合伙人或风险投资人介绍融资企业或项目的基本情况。具体而言，如果企业处于种子期或创建期，暂时只有一个美妙的商业创意，那么应重点介绍创业者的成长经历、求学过程，性格、兴趣爱好与特长，创业者的追求，独立创业的原因以及创意如何产生。如果企业处于成长期，应简明扼要介绍公司过去的发展历史、现在的状况以及未来的规划，包括公司概述、公司名称、地址及联系方式，公司的业务状况，公司的发展经历，公司未来发展的详尽规划，本公司与众不同的竞争优势，公司的法律地位，公司的知识产权，公司的财务管理等。对以往的失误，也不要回避。对失误进行客观的描述，中肯地进行分析，这能够赢得投资者的信任。

（2）管理团队介绍

管理团队是投资者非常看重的。这部分主要是向投资者展现企业管理团队的结构、管理水平和能力、职业道德与素质，使投资者了解管理团队的能力，增强投资信心。

一个公司必须要具备负责产品设计与开发、市场营销、生产作业管理及企业理财等方面的专门人才，这部分要介绍核心团队的背景履历、团队成员的能力和经验、公司的组织结构、各部门的功能与职责以及主要负责人和主要成员等。应让投资者认识到，创业公司具有与众不同的凝聚力和团结战斗精神，管理团队人才济济且结构合理，在产品设计与开发、财务管理及市场营销等各方面均具有独当一面的能力，足以保证公司以后成长发展的需要。

（3）产品 / 服务介绍

在进行投资项目评估时，投资人最关心的问题之一就是公司的产品 / 服务能否以及在多大程度上解决现实生活中的问题，或者公司的产品 / 服务能否帮助消费者节约开支、增加收入，这是市场销售业绩的基础。产品 / 服务介绍一般包括以下内容：产品的名称、特性及用途；产品处于生命周期的哪一阶段，市场竞争力如何；产品的研究和开发过程；产品的技术改进、更新换代或新产品研发计划及相应的成本；产品的市场前景预测；产品的品牌和专利。具体来说，产品 / 服务介绍要能回答以下问题：

①公司产品或服务的性质是什么？

②产品或服务的实用价值是什么？

③这个产品或服务能够为用户解决什么问题？用户能从公司的产品／服务中获得什么好处？

④公司的产品／服务与竞争对手的产品／服务相比有哪些优、缺点？消费者为什么会选择本公司的产品／服务？

⑤公司为自己的产品／服务采取了何种保护措施？公司拥有哪些专利、许可证，或与已申请专利的厂家达成了哪些协议？

⑥公司采用何种方式去改进产品／服务的质量、性能？公司对发展新产品／服务有哪些计划？

此外，对于一些以技术研发为重点的高新技术企业来说，还要对相关技术及其研发情况进行分析，包括技术来源、技术原理、技术先进性、技术可靠性、技术研发力量和未来的技术发展趋势，研发新产品的成本预算及时间进度，技术的专利申请、权属及保护情况，技术发展后劲和技术储备等，以使投资者对公司的技术研发实力有所了解。

（4）行业与市场分析

行业与市场分析主要是对企业所在行业基本情况，企业的产品／服务的现有市场情况、未来市场前景进行分析，使投资者对产品／服务的市场销售状况有所了解。这是投资者关注的重点问题之一。

行业分析主要介绍国家有关政策、行业发展趋势、行业发展中存在的问题、行业主要盈利模式、市场容量、市场竞争情况、市场策略等。

市场分析包括已有市场用户情况、新产品或者服务的市场前景预测等。已有市场用户情况要分析公司在以往经营中拥有了什么样的用户和多少用户，市场占有率如何，市场竞争情况如何，是否已经建立了完整的市场营销渠道等。市场前景预测首先要对需求进行预测，包括市场是否存在对这种产品的需求，需求程度是否可以给企业带来所期望的利益，新的市场规模有多大，需求发展的未来趋向及其状态如何，影响需求的因素都有哪些，新产品的潜在目标消费者和目标市场是什么等。其次，还要对公司面临的竞争格局进行分析，即市场中主要的竞争者有哪些，是否存在有利于本公司产品的市场空隙，本公司预计的市场占有率是多少，本企业进入市场会引起竞争者怎样的反应以及这些反应对企业会有什么影响等。

为此，企业首先应尽量扩大搜集信息的范围，重视对环境的预测和采用科学的预测手段与方法，让投资者相信这种预测是建立在科学基础之上的。其次，注意自己所假设的一些前提条件（特别是宏观经济发展、消费者偏好及消费能力等），并且要根据前提条件可能发生的变化对市场前景预测作出必要的调整。千万不能单凭想象就作出不切实际的前景预测。

（5）市场营销策略

这部分主要描述的是企业的商业模式，包括营销策略、盈利模式等。商业模式最重要的是可行性，能否产生收入和利润。主要描述项目的商业逻辑与业务流程是什么，如何做到标准化、流程化、可复制，项目如何盈利。公司的盈利和发展最终都要拿到市场上来检验，营销成败直接决定了公司的生存。

营销策略的内容应包括营销机构和营销队伍的建立、营销渠道的选择和营销网络的构建、广告策略和促销策略、价格策略、市场渗透与开拓计划、市场营销中意外情况的应急策略等。在确定营销策略时，可以思考以下问题：如何获取你的第一批用户？首先瞄准哪些用户？会在一些关键的市场推出产品吗？是否打算与一些现有的品牌进行合作？打算如何提高公司产品的品牌知名度？打算用哪一类媒体，为什么？会利用社交媒体吗？主要用哪些社交媒体平台，为什么？从本质上说，项目的营销策略是什么？

（6）生产制造计划

这一部分旨在使投资者了解产品的生产经营状况，应尽可能把新产品生产制造计划及经营过程展示给投资者。主要的内容包括：

①公司现有的生产技术能力，生产制造所需的厂房、设备情况；

②质量控制和改进能力；

③新产品的生产经营计划，改进或将要购置的生产设备及其成本；

④现有的生产工艺流程、生产周期标准及生产作业计划；

⑤物资需求计划及其保证措施、供货者的前置期和资源的需求量；

⑥劳动力和雇员的有关情况。

同时，为了提高企业的评估价值，应尽量使生产制造计划更加详细可靠。

（7）财务分析与预测

这部分包括公司过去三年的财务状况、今后三年的发展预测，以及详细的投资计划。旨在使投资者据此判断企业未来经营的财务状况，进而判断其投资能否获得理想的回报。这是影响投资决策的关键因素之一。

过去三年的财务状况包括过去三年的现金流量表、资产负债表以及损益表和每年度的财务总结报告书。如果公司刚刚成立，应该讲述创业者对财务管理重要性的认识。

今后三年的发展预测主要是说明财务预测的依据、前提假设和预测方法，然后给出预计的公司未来三年的现金流量表、资产负债表以及损益表。

财务预测的依据、前提假设是投资者判断企业财务预测准确性和财务管理水平的标尺，也是投资者关注的焦点。财务预测的主要依据和前提假设是企业的经营计划、市场计划的各项分析和预测，也就是说，要在这部分明确回答下述问题：

①产品在每一个期间的销售量是多少？

②什么时候开始扩张产品线？

③每件产品的生产费用是多少？

④每件产品的定价是多少？

⑤使用什么分销渠道？所预期的成本和利润是多少？

⑥需要雇佣哪几种类型的人员？从何时开始？工资预算是多少？

对于中小企业来说，财务预测既要为投资者描绘出美好的合作前景，同时又要使得这种前景建立在坚实的基础之上，否则反而会令投资者怀疑公司管理者的诚信或财务分析、预测及管理能力。

（8）融资计划

融资计划主要是根据公司的经营计划提出资金需求数量、融资的方式与工具，投资者的权益、财务收益及其资金安全保证，投资退出方式等，它是资金供求双方共同合作前的计划分析。融资计划的主要内容包括：

①融资数额是多少？已经获得了哪些投资？希望向战略合伙人或风险投资人融资多少？计划采取哪种融资工具？是以贷款、出售债券，还是以出售普通股优先股的形式筹集？

②公司未来的资本结构如何安排？公司的全部债务情况如何？

③公司融资所提供的抵押、担保文件，以什么物品进行抵押或者质押，什么人或者机构提供担保？

④投资收益和未来再投资的安排如何？

⑤如果以股权形式投资，双方对公司股权、控制权及所有权比例如何安排？

⑥投资者介入公司后，公司的经营管理体制如何设定？

⑦投资资金如何运作？投资的预期回报如何？投资者如何监督、控制公司运作等？

⑧对于吸引风险投资的，风险投资的退出途径和方式是什么？是公司回购、股份转让还是公司上市？

这部分是融资计划的主要内容，公司既要对融资需求、用途提出令人信服的理由，又要有令人心动的投资条件和投资回报，同时也要注意维护公司自身的利益。其基础是公司的财务分析与预测。

由于与资金供给方合作的模式可能有多种，因此还需设计几种备选方案，给出不同盈利模式下的资金需求量及资金投向。

（9）风险分析

这部分内容主要是向投资者分析公司可能面临的各种风险隐患、风险的大小以及融资者将采取何种措施来降低或防范风险、增加收益等，主要包括：

①公司自身各方面的限制，如资源限制、管理经验的限制和生产条件的限制等；

②创业者自身的不足，包括技术上的、经验上的或者管理能力上的欠缺等；

③市场的不确定性；

④技术产品开发的不确定性；

⑤财务收益的不确定性；

⑥针对存在的每一种风险，公司进行风险控制与防范的对策或措施。

对于公司可能面临的各种风险，融资者最好采取客观、实事求是的态度，不能因为其产生的可能性小而忽略不计，也不能为了增加获得投资的机会而故意缩小、隐瞒风险因素，而应该对公司可能面临的各种风险都认真地加以分析，并针对每一种可能发生的情况制定相应的防范措施，这样才能取得投资者的信任，也有利于引入投资后双方的合作。

6. 附录

附录是对正文中涉及的相关数据、资料的补充，作为备查。

这一部分主要是对创业计划书中涉及的一些问题的细节和相关的证书、图表进行描述或证明，例如公司的营业执照、章程、验资审计报告、税务登记证、高新技术企业（项目）证书、专利证书、鉴定报告、市场调查数据、主要供货商及经销商名单、主要客户名单、场地租用证明、公司及其产品的介绍和宣传等资料、工艺流程图、各种财务报表和财务预估表以及专业术语说明等。它与创业计划书主体部分一起装订成册。

备查资料只需列出清单，待资金供给方有投资意向时查询。

三、创业计划书的撰写原则

1. 目标性

创业的目的不仅是追求企业的发展，而且要有创造利润的可能，要有实用经济效益。

2. 完整一致性

运营计划完整陈列，涵盖创业经营的各项功能要素，基本假设或预估前后相互呼应，逻辑自洽。

3. 优势竞争性

呈现出资源经验产品及市场及经营管理能力的优势。

4. 团队和谐性

展现组建经营团队的思路、人员的互补作用，尽可能突出专家的作用、高管人员的优势、专业人才队伍的水平，明确领军人物。

5. 市场导向性

明确市场导向的观点，明确指出市场机会与竞争威胁，充分显示对于市场现状的掌握与未来发展预测的能力。

6. 客观实际性

一切数字客观、实际，以具体资料为证，并尽量同时分析可能采用的解决方法。

切勿凭主观意愿高估市场潜量或报酬，低估经营成本。工作安排循序渐进，有条不紊，可操作性强。

四、创业计划书的撰写程序

一份良好的创业计划书，包括附录在内一般 20 ～ 40 页，冗长的创业计划书反而会让人失去耐心。整个创业计划书的编制是一个循序渐进的过程，可以分成五个阶段完成。

第一阶段：细化并初步提出创业计划构想。

第二阶段：市场调查。与行业内的企业和专业人士接触，了解整个行业的市场状况，例如产品价格、销售渠道、客户分布以及市场发展变化的趋势等因素。可以自行开展问卷调查，在必要时也可以求助于市场调查公司。

第三阶段：竞争者调查。确定你的潜在竞争对手，并分析本行业的竞争方向。分销问题有哪些？形成战略伙伴的可能性？谁是你的潜在盟友？准备一份 1 ～ 2 页的竞争者调查小结。

第四阶段：财务分析，包括对公司的价值评估。必须保证所有的可能性都考虑到位。财务分析应量化本公司的收入目标和公司战略，详细而精确地考虑实现公司创业计划所需的资金。

第五阶段：创业计划书的撰写与修改。利用所搜集到的信息，制定公司未来的发展战略，把相关的信息按照上面的结构进行调整，完成整个创业计划书的写作。在计划撰写完成以后，仍然可以进一步论证计划的可行性，并根据信息的积累和市场的变化不断完善整个计划。

拓展阅读

商业计划书设计的管理学理论

1.PEST 分析模型

PEST 分析模型是对宏观环境进行分析的一种方法。宏观环境又称一般环境，是指一切影响行业和企业的宏观因素，包括政治（Political）、经济（Economic）、社会（Social）

和技术（Technological）四类。

政治环境分析	经济环境分析	社会环境分析	技术环境分析
财政政策 货币政策 产业政策 地区政策	宏观经济趋势 区域经济趋势 行业经济趋势	社会人口总量 社会人口结构 社会环境条件	技术思想趋势 技术应用趋势 相关技术应用

图 8-1　PEST 分析模型

2. 波特五力分析模型

波特五力分析模型是迈克尔·波特（Michael Porter）于 20 世纪 80 年代初提出的。他认为，行业中存在着决定竞争规模和竞争程度的五种力量，这五种力量综合起来影响着产业的吸引力及现有企业的竞争战略决策。

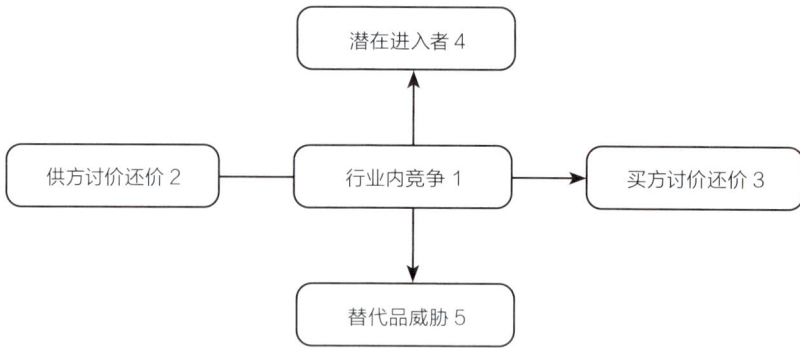

图 8-2　波特五力分析模型

3.SWOT 分析法

SWOT 分析法是企业进行战略分析的经典方法，其核心是企业根据自身的内在条件进行分析，找出企业内部的优势与劣势，发现企业所面临的外部机会与威胁，在此基础上提高企业的核心竞争力。"S"即"Strength"，优势；"W"即"Weakness"，劣势；"O"即"Opportunity"，机会；"T"即"Threat"，威胁。

图 8-3　SWOT 分析法

4.4P 营销组合

美国营销学学者杰罗姆·麦卡锡（E.Jerome McCarthy）教授在 20 世纪 60 年代提出"产品（product）、价格（price）、渠道（place）、促销（promotion）"4 大营销组合策略即为"4P"。

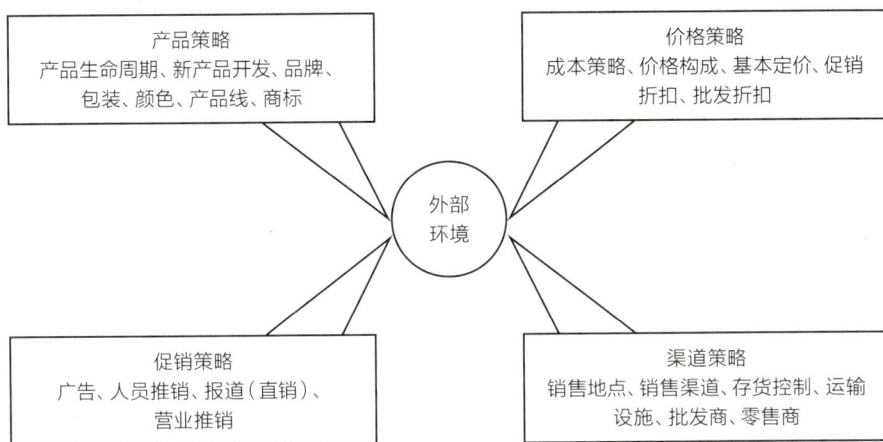

图 8-4　4P 营销组合

创新思维馆

商业或项目计划书提纲

第一章　执行总结（此章节是对后续各章节的总结和提炼）

1.1 项目或企业背景

1.2 项目或企业规划

1.3 市场分析

1.4 行业竞争分析

1.5 组织与人事分析

1.6 财务分析

1.7 风险分析

第二章　项目或公司简介

2.1 项目或公司概述

2.2 项目或公司服务及业务简介

2.3 发展规划

第三章 市场与竞争分析

3.1 市场现状

3.2 市场前景

3.3 目标市场

3.4 市场营销策略或商业模式阐述

3.5 竞争分析

第四章 运营分析

4.1 生产组织

4.2 质量控制

4.3 组织管理

4.4 人事管理

第五章 财务分析

5.1 投融资分析

5.2 财务预算

5.3 财务分析

第六章 风险分析

6.1 风险识别

6.2 风险防范及措施

6.3 风险资本退出

第七章 团队介绍

附录：各类附件证明材料

案例分析

山东特殊教育职业学院在第六届中国国际"互联网+"大学生创新创业大赛和第十二届"挑战杯"中国大学生创业计划竞赛中获奖项目《盲手道》的商业计划书封面及目录。

项目名称：

用手艺塑造口碑

盲手道

打造盲人推拿品质服务连锁经营第一品牌

参赛省份：山东省

参赛组别：城市治理和社会服务

参赛学校：山东特殊教育职业学院

目录

三、公司及品牌介绍

1. 公司及产品服务的介绍

2. 盲手造商标注解

3. 品牌文化

4. 项目的市场机会和有效的市场需求

5. 市场现状与痛点

6. 团队介绍

7. 实践过程

四、运营发展策略

1. 项目的商业模式

2. 门店类型

3. 产品策略

4. 项目价值主张

5. 会员方案

6. 盈利模式

7. 核心资源

8. 战略安排

9. 项目发展目标

10. 主要合作伙伴及竞争对手分析

五、风险与财务分析

1. 风险管理措施

2. 公司股本结构与规模

3. 融资计划

4. 盈利能力分析

5. 风险资金退出策略

六、附录

公司营业执照信息

任务三　项目路演

一、什么是路演

路演是指通过现场演说、演示的方法，向目标人群推介自己的公司、团体、项目、产品、理念的一种方式。以此引起目标人群的关注，使他们产生兴趣，最终达成宣传、销售、招商、融资的目的。

二、路演 PPT 的设计

路演时所用的项目展示材料就是 PPT 版的商业计划书。高质量的商业计划书应"内外兼修"，需具备四大要点：逻辑清晰、观点鲜明、文字精练、视觉美观。

商业计划书的 PPT 呈现框架为：Why—What—How—Who—How much。

项目名称 + 一句话描述。

分析行业背景和市场现状——Why/Why Now?

讲清楚要做什么——What?

现状以及如何做——How?

项目团队——Who?

财务预测与融资计划——How much?

PPT 作为项目路演的道具，要在短短的 5 ~ 10 分钟引起台下投资人的兴趣，必须简洁、清晰、有力，这是制作路演 PPT 必须遵循的原则。PPT 的页数不宜过多，最多不超过 20 页。

1. 封面

高质量的商业计划书从封面开始。标题的提炼是制作商业计划书最重要的开始，标题就是整个商业计划书的核心论点。

（1）标题结构

一般标题结构是项目名称 + 一句话描述。

（2）建议

①项目名称首选是产品名称，次选是公司名称。尤其对于尚未成立公司的项目，不要直接用公司的名称。

②一句话描述要尽量体现项目的定位（项目是做什么的）与亮点（核心优势）。

③避免太过于技术化的名称（技术服务于产品与服务）。

案例分析

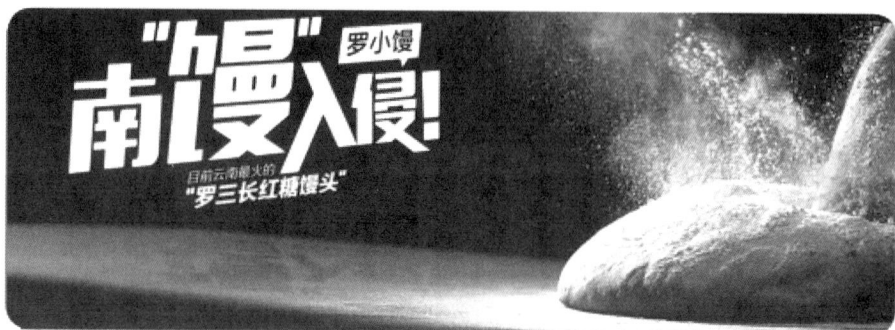

第三届中国"互联网+"大学生创新创业大赛金奖项目——罗小馒：目前云南最火的"罗三长红糖馒头"的路演PPT首页

山东特殊教育职业学院《盲手道》项目参加第十二届"挑战杯"中国大学生创业计划竞赛省赛时的路演PPT首页

想一想，这两个路演 PPT 的首页，有哪些优点与不足？

2. 正文

第一部分

——分析行业背景和市场现状 (Why，Why Now)（10% ~ 20%）

（1）主要内容

①项目直接相关的行业背景、发展趋势、市场规模、政策法规等因素分析。行业市场分析要具体且有针对性，与所要做的事要紧密相关，避免空泛论述。

②描述在目前的市场背景下，发现了一个什么样的痛点（市场需求点 / 机会点）。在分析时，如已有相关的产品或服务，要对竞争格局和已有的产品或服务做简要分析，表明当前项目的差异化机会。

（2）说明目前是做该项目正确的时机（如果有必要）

（3）建议

多用数据或案例说明。

第二部分（1 页）

——讲清楚要做什么 (What)

（1）主要内容

用一两句话讲清楚准备做什么事，最好能配上简单的产业链上下游图（或产品功能示意图、简要流程图等），让人对要做的事一目了然，避免整页 PPT 都是大段文字。

（2）建议

①对于项目的定位一定要清晰、明确。

②发挥专业特长，有创新内涵，不要简单追随投资热点。

②要专注聚焦，不追求大而全，做"大市场里面的小切点"。

第三部分（70% 左右）

——现状以及如何做 (How)

（1）主要内容

①讲清楚有什么样的解决方案或者什么样的产品能够解决发现的痛点（市场需求点 / 机会点）。方案或者产品是什么？提供了怎样的功能？突出自己的独特价值、亮点

和优势。

②明确产品将面对的用户群是谁，要有清晰的目标用户群定位。

③说明产品或解决方案的核心竞争力。为什么这件事情你能做而别人不能做？或者为什么你能比别人干得好？你的核心竞争力是什么？项目与众不同的地方是什么？例如是否具备科技成果转化背景或拥有有价值的知识产权等。

④说明未来如何实现盈利，即盈利模式。如果项目还处于雏形阶段或者太早期，无须过多介绍盈利模式，请把重点放在产品/解决方案的介绍上，让大家觉得确实有价值并有机会做大。

⑤横向竞品对比分析。选取关键维度进行对比分析，要客观、真实。

⑥该项目面向未来的战略规划。包括但不限于产品、研发、销售等主要内容，项目发展阶段不同，讲述的重点也不同。

⑦总结项目截至目前的发展/执行情况。

（2）建议

产品、研发、生产、市场拓展、业务发展、销售等核心环节的进展，尽量用数据进行总结，突出数据变化的趋势。

第四部分（1-2页）

——项目团队 (Who)

（1）主要内容

①团队的人员规模和组成。

②团队主要成员的分工、背景和特长，强调个人能力匹配岗位、团队组合匹配创业项目。

③团队的核心竞争力。

（2）建议

科技成果转化项目需说明科技成果的专利权人、发明人与团队的关系。

第五部分（1-2页）

——财务预测与融资计划 (How much)

（1）主要内容

①未来1年左右项目收支状况的财务预估。

②未来6个月或1年的融资计划。需要多少资金,释放多少股份,用这些资金干什么,达成什么目标。

③目前的估值及估值逻辑。估值逻辑请说明是基于市盈率 × 利润,还是基于市销率 × 销售收入,还是基于对标等估值方式。

④之前的融资情况。

（2）建议

不必写未来 3 年甚至 5 年的财务预测,除非是已经非常成熟的项目。

3. 封底——结束语

三、路演的演练

1. 准备稿件

准备与路演 PPT 相对应的演讲文字稿。

2. 反复演练演讲全过程

（1）熟悉文字稿,对文字进行反复斟酌和润色。

（2）PPT 翻页配合文字,逐步加入肢体语言。

（3）按照演讲的状态,站立着演练,在团队面前重复演练。

（4）演练过程中对演讲文字稿和 PPT 进行更高要求的打磨。

思考练习

1. 撰写创业计划书的目的是什么?

2. 创业计划书的撰写原则是什么?

实训练习

训练项目　现场路演

根据本章所讲内容,以小组和创业团队为单位,完成以下任务:

1. 以自己或（团队）的创业／创意项目为内容,根据创业计划书的内容、要点和基本格式，撰写一份 word 版创业计划书。

2. 制作用于路演的 PPT 版商业计划书。

3. 项目负责人进行现场路演。

附　录

附录1 中华人民共和国残疾人保障法

（1990 年 12 月 28 日第七届全国人民代表大会常务委员会第十七次会议通过 2008 年 4 月 24 日第十一届全国人民代表大会常务委员会第二次会议修订根据 2018 年 10 月 26 日第十三届全国人民代表大会常务委员会第六次会议《关于修改〈中华人民共和国野生动物保护法〉等十五部法律的决定》修正）

目 录

第一章 总 则

第一条 为了维护残疾人的合法权益，发展残疾人事业，保障残疾人平等地充分参与社会生活，共享社会物质文化成果，根据宪法，制定本法。

第二条 残疾人是指在心理、生理、人体结构上，某种组织、功能丧失或者不正常，全部或者部分丧失以正常方式从事某种活动能力的人。

残疾人包括视力残疾、听力残疾、言语残疾、肢体残疾、智力残疾、精神残疾、多重残疾和其他残疾的人。

残疾标准由国务院规定。

第三条 残疾人在政治、经济、文化、社会和家庭生活等方面享有同其他公民平等的权利。

残疾人的公民权利和人格尊严受法律保护。

禁止基于残疾的歧视。禁止侮辱、侵害残疾人。禁止通过大众传播媒介或者其他方式贬低损害残疾人人格。

第四条　国家采取辅助方法和扶持措施，对残疾人给予特别扶助，减轻或者消除残疾影响和外界障碍，保障残疾人权利的实现。

第五条　县级以上人民政府应当将残疾人事业纳入国民经济和社会发展规划，加强领导，综合协调，并将残疾人事业经费列入财政预算，建立稳定的经费保障机制。

国务院制定中国残疾人事业发展纲要，县级以上地方人民政府根据中国残疾人事业发展纲要，制定本行政区域的残疾人事业发展规划和年度计划，使残疾人事业与经济、社会协调发展。

县级以上人民政府负责残疾人工作的机构，负责组织、协调、指导、督促有关部门做好残疾人事业的工作。

各级人民政府和有关部门，应当密切联系残疾人，听取残疾人的意见，按照各自的职责，做好残疾人工作。

第六条　国家采取措施，保障残疾人依照法律规定，通过各种途径和形式，管理国家事务，管理经济和文化事业，管理社会事务。

制定法律、法规、规章和公共政策，对涉及残疾人权益和残疾人事业的重大问题，应当听取残疾人和残疾人组织的意见。

残疾人和残疾人组织有权向各级国家机关提出残疾人权益保障、残疾人事业发展等方面的意见和建议。

第七条　全社会应当发扬人道主义精神，理解、尊重、关心、帮助残疾人，支持残疾人事业。

国家鼓励社会组织和个人为残疾人提供捐助和服务。

国家机关、社会团体、企业事业单位和城乡基层群众性自治组织，应当做好所属范围内的残疾人工作。

从事残疾人工作的国家工作人员和其他人员，应当依法履行职责，努力为残疾人服务。

第八条　中国残疾人联合会及其地方组织，代表残疾人的共同利益，维护残疾人的合法权益，团结教育残疾人，为残疾人服务。

中国残疾人联合会及其地方组织依照法律、法规、章程或者接受政府委托，开展残疾人工作，动员社会力量，发展残疾人事业。

第九条　残疾人的扶养人必须对残疾人履行扶养义务。

残疾人的监护人必须履行监护职责，尊重被监护人的意愿，维护被监护人的合法权益。

残疾人的亲属、监护人应当鼓励和帮助残疾人增强自立能力。

禁止对残疾人实施家庭暴力，禁止虐待、遗弃残疾人。

第十条　国家鼓励残疾人自尊、自信、自强、自立，为社会主义建设贡献力量。

残疾人应当遵守法律、法规，履行应尽的义务，遵守公共秩序，尊重社会公德。

第十一条　国家有计划地开展残疾预防工作，加强对残疾预防工作的领导，宣传、普及母婴保健和预防残疾的知识，建立健全出生缺陷预防和早期发现、早期治疗机制，针对遗传、疾病、药物、事故、灾害、环境污染和其他致残因素，组织和动员社会力量，采取措施，预防残疾的发生，减轻残疾程度。

国家建立健全残疾人统计调查制度，开展残疾人状况的统计调查和分析。

第十二条　国家和社会对残疾军人、因公致残人员以及其他为维护国家和人民利益致残的人员实行特别保障，给予抚恤和优待。

第十三条　对在社会主义建设中做出显著成绩的残疾人，对维护残疾人合法权益、发展残疾人事业、为残疾人服务做出显著成绩的单位和个人，各级人民政府和有关部门给予表彰和奖励。

第十四条　每年 5 月的第三个星期日为全国助残日。

第二章　康　复

第十五条　国家保障残疾人享有康复服务的权利。

各级人民政府和有关部门应当采取措施，为残疾人康复创造条件，建立和完善残疾人康复服务体系，并分阶段实施重点康复项目，帮助残疾人恢复或者补偿功能，增强其参与社会生活的能力。

第十六条　康复工作应当从实际出发，将现代康复技术与我国传统康复技术相结合；以社区康复为基础，康复机构为骨干，残疾人家庭为依托；以实用、易行、受益广的康复内容为重点，优先开展残疾儿童抢救性治疗和康复；发展符合康复要求的科学技术，鼓励自主创新，加强康复新技术的研究、开发和应用，为残疾人提供有效的康复服务。

第十七条　各级人民政府鼓励和扶持社会力量兴办残疾人康复机构。

地方各级人民政府和有关部门，应当组织和指导城乡社区服务组织、医疗预防保健机构、残疾人组织、残疾人家庭和其他社会力量，开展社区康复工作。

残疾人教育机构、福利性单位和其他为残疾人服务的机构，应当创造条件，开展康复训练活动。

残疾人在专业人员的指导和有关工作人员、志愿工作者及亲属的帮助下，应当努力进行功能、自理能力和劳动技能的训练。

第十八条　地方各级人民政府和有关部门应当根据需要有计划地在医疗机构设立康复医学科室，举办残疾人康复机构，开展康复医疗与训练、人员培训、技术指导、科学研究等工作。

第十九条　医学院校和其他有关院校应当有计划地开设康复课程，设置相关专业，培养各类康复专业人才。

政府和社会采取多种形式对从事康复工作的人员进行技术培训；向残疾人、残疾人亲属、有关工作人员和志愿工作者普及康复知识，传授康复方法。

第二十条　政府有关部门应当组织和扶持残疾人康复器械、辅助器具的研制、生产、供应、维修服务。

第三章　教　育

第二十一条　国家保障残疾人享有平等接受教育的权利。

各级人民政府应当将残疾人教育作为国家教育事业的组成部分，统一规划，加强领导，为残疾人接受教育创造条件。

政府、社会、学校应当采取有效措施，解决残疾儿童、少年就学存在的实际困难，帮助其完成义务教育。

各级人民政府对接受义务教育的残疾学生、贫困残疾人家庭的学生提供免费教科书，并给予寄宿生活费等费用补助；对接受义务教育以外其他教育的残疾学生、贫困残疾人家庭的学生按照国家有关规定给予资助。

第二十二条 残疾人教育，实行普及与提高相结合、以普及为重点的方针，保障义务教育，着重发展职业教育，积极开展学前教育，逐步发展高级中等以上教育。

第二十三条 残疾人教育应当根据残疾人的身心特性和需要，按照下列要求实施：

（一）在进行思想教育、文化教育的同时，加强身心补偿和职业教育；

（二）依据残疾类别和接受能力，采取普通教育方式或者特殊教育方式；

（三）特殊教育的课程设置、教材、教学方法、入学和在校年龄，可以有适度弹性。

第二十四条 县级以上人民政府应当根据残疾人的数量、分布状况和残疾类别等因素，合理设置残疾人教育机构，并鼓励社会力量办学、捐资助学。

第二十五条 普通教育机构对具有接受普通教育能力的残疾人实施教育，并为其学习提供便利和帮助。

普通小学、初级中等学校，必须招收能适应其学习生活的残疾儿童、少年入学；普通高级中等学校、中等职业学校和高等学校，必须招收符合国家规定的录取要求的残疾考生入学，不得因其残疾而拒绝招收；拒绝招收的，当事人或者其亲属、监护人可以要求有关部门处理，有关部门应当责令该学校招收。

普通幼儿教育机构应当接收能适应其生活的残疾幼儿。

第二十六条 残疾幼儿教育机构、普通幼儿教育机构附设的残疾儿童班、特殊教育机构的学前班、残疾儿童福利机构、残疾儿童家庭，对残疾儿童实施学前教育。

初级中等以下特殊教育机构和普通教育机构附设的特殊教育班，对不具有接受普通教育能力的残疾儿童、少年实施义务教育。

高级中等以上特殊教育机构、普通教育机构附设的特殊教育班和残疾人职业教育机构，对符合条件的残疾人实施高级中等以上文化教育、职业教育。

提供特殊教育的机构应当具备适合残疾人学习、康复、生活特点的场所和设施。

第二十七条 政府有关部门、残疾人所在单位和有关社会组织应当对残疾人开展扫除文盲、职业培训、创业培训和其他成人教育，鼓励残疾人自学成才。

第二十八条　国家有计划地举办各级各类特殊教育师范院校、专业，在普通师范院校附设特殊教育班，培养、培训特殊教育师资。普通师范院校开设特殊教育课程或者讲授有关内容，使普通教师掌握必要的特殊教育知识。

特殊教育教师和手语翻译，享受特殊教育津贴。

第二十九条　政府有关部门应当组织和扶持盲文、手语的研究和应用，特殊教育教材的编写和出版，特殊教育教学用具及其他辅助用品的研制、生产和供应。

第四章　劳动就业

第三十条　国家保障残疾人劳动的权利。

各级人民政府应当对残疾人劳动就业统筹规划，为残疾人创造劳动就业条件。

第三十一条　残疾人劳动就业，实行集中与分散相结合的方针，采取优惠政策和扶持保护措施，通过多渠道、多层次、多种形式，使残疾人劳动就业逐步普及、稳定、合理。

第三十二条　政府和社会举办残疾人福利企业、盲人按摩机构和其他福利性单位，集中安排残疾人就业。

第三十三条　国家实行按比例安排残疾人就业制度。

国家机关、社会团体、企业事业单位、民办非企业单位应当按照规定的比例安排残疾人就业，并为其选择适当的工种和岗位。达不到规定比例的，按照国家有关规定履行保障残疾人就业义务。国家鼓励用人单位超过规定比例安排残疾人就业。

残疾人就业的具体办法由国务院规定。

第三十四条　国家鼓励和扶持残疾人自主择业、自主创业。

第三十五条　地方各级人民政府和农村基层组织，应当组织和扶持农村残疾人从事种植业、养殖业、手工业和其他形式的生产劳动。

第三十六条　国家对安排残疾人就业达到、超过规定比例或者集中安排残疾人就业的用人单位和从事个体经营的残疾人，依法给予税收优惠，并在生产、经营、技术、资金、物资、场地等方面给予扶持。国家对从事个体经营的残疾人，免除行政事业性收费。

县级以上地方人民政府及其有关部门应当确定适合残疾人生产、经营的产品、项目，优先安排残疾人福利性单位生产或者经营，并根据残疾人福利性单位的生产特点确定某些产品由其专产。

政府采购，在同等条件下应当优先购买残疾人福利性单位的产品或者服务。

地方各级人民政府应当开发适合残疾人就业的公益性岗位。

对申请从事个体经营的残疾人，有关部门应当优先核发营业执照。

对从事各类生产劳动的农村残疾人，有关部门应当在生产服务、技术指导、农用物资供应、农副产品购销和信贷等方面，给予帮助。

第三十七条 政府有关部门设立的公共就业服务机构，应当为残疾人免费提供就业服务。

残疾人联合会举办的残疾人就业服务机构，应当组织开展免费的职业指导、职业介绍和职业培训，为残疾人就业和用人单位招用残疾人提供服务和帮助。

第三十八条 国家保护残疾人福利性单位的财产所有权和经营自主权，其合法权益不受侵犯。

在职工的招用、转正、晋级、职称评定、劳动报酬、生活福利、休息休假、社会保险等方面，不得歧视残疾人。

残疾职工所在单位应当根据残疾职工的特点，提供适当的劳动条件和劳动保护，并根据实际需要对劳动场所、劳动设备和生活设施进行改造。

国家采取措施，保障盲人保健和医疗按摩人员从业的合法权益。

第三十九条 残疾职工所在单位应当对残疾职工进行岗位技术培训，提高其劳动技能和技术水平。

第四十条 任何单位和个人不得以暴力、威胁或者非法限制人身自由的手段强迫残疾人劳动。

第五章　文化生活

第四十一条 国家保障残疾人享有平等参与文化生活的权利。

各级人民政府和有关部门鼓励、帮助残疾人参加各种文化、体育、娱乐活动，积极创造条件，丰富残疾人精神文化生活。

第四十二条　残疾人文化、体育、娱乐活动应当面向基层，融于社会公共文化生活，适应各类残疾人的不同特点和需要，使残疾人广泛参与。

第四十三条　政府和社会采取下列措施，丰富残疾人的精神文化生活：

（一）通过广播、电影、电视、报刊、图书、网络等形式，及时宣传报道残疾人的工作、生活等情况，为残疾人服务；

（二）组织和扶持盲文读物、盲人有声读物及其他残疾人读物的编写和出版，根据盲人的实际需要，在公共图书馆设立盲文读物、盲人有声读物图书室；

（三）开办电视手语节目，开办残疾人专题广播栏目，推进电视栏目、影视作品加配字幕、解说；

（四）组织和扶持残疾人开展群众性文化、体育、娱乐活动，举办特殊艺术演出和残疾人体育运动会，参加国际性比赛和交流；

（五）文化、体育、娱乐和其他公共活动场所，为残疾人提供方便和照顾。有计划地兴办残疾人活动场所。

第四十四条　政府和社会鼓励、帮助残疾人从事文学、艺术、教育、科学、技术和其他有益于人民的创造性劳动。

第四十五条　政府和社会促进残疾人与其他公民之间的相互理解和交流，宣传残疾人事业和扶助残疾人的事迹，弘扬残疾人自强不息的精神，倡导团结、友爱、互助的社会风尚。

第六章　社会保障

第四十六条　国家保障残疾人享有各项社会保障的权利。

政府和社会采取措施，完善对残疾人的社会保障，保障和改善残疾人的生活。

第四十七条　残疾人及其所在单位应当按照国家有关规定参加社会保险。

残疾人所在城乡基层群众性自治组织、残疾人家庭，应当鼓励、帮助残疾人参加社会保险。

对生活确有困难的残疾人，按照国家有关规定给予社会保险补贴。

第四十八条　各级人民政府对生活确有困难的残疾人，通过多种渠道给予生活、教育、住房和其他社会救助。

县级以上地方人民政府对享受最低生活保障待遇后生活仍有特别困难的残疾人家庭，应当采取其他措施保障其基本生活。

各级人民政府对贫困残疾人的基本医疗、康复服务、必要的辅助器具的配置和更换，应当按照规定给予救助。

对生活不能自理的残疾人，地方各级人民政府应当根据情况给予护理补贴。

第四十九条　地方各级人民政府对无劳动能力、无扶养人或者扶养人不具有扶养能力、无生活来源的残疾人，按照规定予以供养。

国家鼓励和扶持社会力量举办残疾人供养、托养机构。

残疾人供养、托养机构及其工作人员不得侮辱、虐待、遗弃残疾人。

第五十条　县级以上人民政府对残疾人搭乘公共交通工具，应当根据实际情况给予便利和优惠。残疾人可以免费携带随身必备的辅助器具。

盲人持有效证件免费乘坐市内公共汽车、电车、地铁、渡船等公共交通工具。盲人读物邮件免费寄递。

国家鼓励和支持提供电信、广播电视服务的单位对盲人、听力残疾人、言语残疾人给予优惠。

各级人民政府应当逐步增加对残疾人的其他照顾和扶助。

第五十一条　政府有关部门和残疾人组织应当建立和完善社会各界为残疾人捐助和服务的渠道，鼓励和支持发展残疾人慈善事业，开展志愿者助残等公益活动。

第七章　无障碍环境

第五十二条　国家和社会应当采取措施，逐步完善无障碍设施，推进信息交流无障碍，为残疾人平等参与社会生活创造无障碍环境。

各级人民政府应当对无障碍环境建设进行统筹规划，综合协调，加强监督管理。

第五十三条　无障碍设施的建设和改造，应当符合残疾人的实际需要。

新建、改建和扩建建筑物、道路、交通设施等，应当符合国家有关无障碍设施工程建设标准。

各级人民政府和有关部门应当按照国家无障碍设施工程建设规定，逐步推进已建成设施的改造，优先推进与残疾人日常工作、生活密切相关的公共服务设施的改造。

对无障碍设施应当及时维修和保护。

第五十四条　国家采取措施，为残疾人信息交流无障碍创造条件。

各级人民政府和有关部门应当采取措施，为残疾人获取公共信息提供便利。

国家和社会研制、开发适合残疾人使用的信息交流技术和产品。

国家举办的各类升学考试、职业资格考试和任职考试，有盲人参加的，应当为盲人提供盲文试卷、电子试卷或者由专门的工作人员予以协助。

第五十五条　公共服务机构和公共场所应当创造条件，为残疾人提供语音和文字提示、手语、盲文等信息交流服务，并提供优先服务和辅助性服务。

公共交通工具应当逐步达到无障碍设施的要求。有条件的公共停车场应当为残疾人设置专用停车位。

第五十六条　组织选举的部门应当为残疾人参加选举提供便利；有条件的，应当为盲人提供盲文选票。

第五十七条　国家鼓励和扶持无障碍辅助设备、无障碍交通工具的研制和开发。

第五十八条　盲人携带导盲犬出入公共场所，应当遵守国家有关规定。

第八章　法律责任

第五十九条　残疾人的合法权益受到侵害的，可以向残疾人组织投诉，残疾人组织应当维护残疾人的合法权益，有权要求有关部门或者单位查处。有关部门或者单位应当依法查处，并予以答复。

残疾人组织对残疾人通过诉讼维护其合法权益需要帮助的，应当给予支持。

残疾人组织对侵害特定残疾人群体利益的行为，有权要求有关部门依法查处。

第六十条　残疾人的合法权益受到侵害的，有权要求有关部门依法处理，或者依法向仲裁机构申请仲裁，或者依法向人民法院提起诉讼。

对有经济困难或者其他原因确需法律援助或者司法救助的残疾人，当地法律援助机构或者人民法院应当给予帮助，依法为其提供法律援助或者司法救助。

第六十一条　违反本法规定，对侵害残疾人权益行为的申诉、控告、检举，推诿、拖延、压制不予查处，或者对提出申诉、控告、检举的人进行打击报复的，由其所在单位、主管部门或者上级机关责令改正，并依法对直接负责的主管人员和其他直接责任人员给予处分。

国家工作人员未依法履行职责，对侵害残疾人权益的行为未及时制止或者未给予受害残疾人必要帮助，造成严重后果的，由其所在单位或者上级机关依法对直接负责的主管人员和其他直接责任人员给予处分。

第六十二条　违反本法规定，通过大众传播媒介或者其他方式贬低损害残疾人人格的，由文化、广播电视、电影、新闻出版或者其他有关主管部门依据各自的职权责令改正，并依法给予行政处罚。

第六十三条　违反本法规定，有关教育机构拒不接收残疾学生入学，或者在国家规定的录取要求以外附加条件限制残疾学生就学的，由有关主管部门责令改正，并依法对直接负责的主管人员和其他直接责任人员给予处分。

第六十四条　违反本法规定，在职工的招用等方面歧视残疾人的，由有关主管部门责令改正；残疾人劳动者可以依法向人民法院提起诉讼。

第六十五条　违反本法规定，供养、托养机构及其工作人员侮辱、虐待、遗弃残疾人的，对直接负责的主管人员和其他直接责任人员依法给予处分；构成违反治安管理行为的，依法给予行政处罚。

第六十六条　违反本法规定，新建、改建和扩建建筑物、道路、交通设施，不符合国家有关无障碍设施工程建设标准，或者对无障碍设施未进行及时维修和保护造成后果的，由有关主管部门依法处理。

第六十七条　违反本法规定，侵害残疾人的合法权益，其他法律、法规规定行政处罚的，从其规定；造成财产损失或者其他损害的，依法承担民事责任；构成犯罪的，依法追究刑事责任。

第九章　附　则

第六十八条　本法自 2008 年 7 月 1 日起施行。

附录 2　残疾人就业条例

第一章　总　则

第一条　为了促进残疾人就业，保障残疾人的劳动权利，根据《中华人民共和国残疾人保障法》和其他有关法律，制定本条例。

第二条　国家对残疾人就业实行集中就业与分散就业相结合的方针，促进残疾人就业。

县级以上人民政府应当将残疾人就业纳入国民经济和社会发展规划，并制定优惠政策和具体扶持保护措施，为残疾人就业创造条件。

第三条　机关、团体、企业、事业单位和民办非企业单位（以下统称用人单位）应当依照有关法律、本条例和其他有关行政法规的规定，履行扶持残疾人就业的责任和义务。

第四条　国家鼓励社会组织和个人通过多种渠道、多种形式，帮助、支持残疾人就业，鼓励残疾人通过应聘等多种形式就业。禁止在就业中歧视残疾人。

残疾人应当提高自身素质，增强就业能力。

第五条　各级人民政府应当加强对残疾人就业工作的统筹规划，综合协调。县级以上人民政府负责残疾人工作的机构，负责组织、协调、指导、督促有关部门做好残疾人就业工作。

县级以上人民政府劳动保障、民政等有关部门在各自的职责范围内，做好残疾人就业工作。

第六条　中国残疾人联合会及其地方组织依照法律、法规或者接受政府委托，负责残疾人就业工作的具体组织实施与监督。

工会、共产主义青年团、妇女联合会，应当在各自的工作范围内，做好残疾人就业工作。

第七条　各级人民政府对在残疾人就业工作中做出显著成绩的单位和个人，给予表彰和奖励。

第二章　用人单位的责任

第八条　用人单位应当按照一定比例安排残疾人就业，并为其提供适当的工种、岗位。

用人单位安排残疾人就业的比例不得低于本单位在职职工总数的 1.5%。具体比例由省、自治区、直辖市人民政府根据本地区的实际情况规定。

用人单位跨地区招用残疾人的，应当计入所安排的残疾人职工人数之内。

第九条　用人单位安排残疾人就业达不到其所在地省、自治区、直辖市人民政府规定比例的，应当缴纳残疾人就业保障金。

第十条　政府和社会依法兴办的残疾人福利企业、盲人按摩机构和其他福利性单位（以下统称集中使用残疾人的用人单位），应当集中安排残疾人就业。

集中使用残疾人的用人单位的资格认定，按照国家有关规定执行。

第十一条　集中使用残疾人的用人单位中从事全日制工作的残疾人职工，应当占本单位在职职工总数的 25% 以上。

第十二条　用人单位招用残疾人职工，应当依法与其签订劳动合同或者服务协议。

第十三条　用人单位应当为残疾人职工提供适合其身体状况的劳动条件和劳动保护，不得在晋职、晋级、评定职称、报酬、社会保险、生活福利等方面歧视残疾人职工。

第十四条　用人单位应当根据本单位残疾人职工的实际情况，对残疾人职工进行上岗、在岗、转岗等培训。

第三章　保障措施

第十五条　县级以上人民政府应当采取措施，拓宽残疾人就业渠道，开发适合残疾人就业的公益性岗位，保障残疾人就业。

县级以上地方人民政府发展社区服务事业，应当优先考虑残疾人就业。

第十六条　依法征收的残疾人就业保障金应当纳入财政预算，专项用于残疾人职业培训以及为残疾人提供就业服务和就业援助，任何组织或者个人不得贪污、挪用、截留或者私分。残疾人就业保障金征收、使用、管理的具体办法，由国务院财政部门会同国务院有关部门规定。

财政部门和审计机关应当依法加强对残疾人就业保障金使用情况的监督检查。

第十七条　国家对集中使用残疾人的用人单位依法给予税收优惠，并在生产、经营、技术、资金、物资、场地使用等方面给予扶持。

第十八条　县级以上地方人民政府及其有关部门应当确定适合残疾人生产、经营的产品、项目，优先安排集中使用残疾人的用人单位生产或者经营，并根据集中使用残疾人的用人单位的生产特点确定某些产品由其专产。

政府采购，在同等条件下，应当优先购买集中使用残疾人的用人单位的产品或者服务。

第十九条　国家鼓励扶持残疾人自主择业、自主创业。对残疾人从事个体经营的，应当依法给予税收优惠，有关部门应当在经营场地等方面给予照顾，并按照规定免收管理类、登记类和证照类的行政事业性收费。

国家对自主择业、自主创业的残疾人在一定期限内给予小额信贷等扶持。

第二十条　地方各级人民政府应当多方面筹集资金，组织和扶持农村残疾人从事种植业、养殖业、手工业和其他形式的生产劳动。

有关部门对从事农业生产劳动的农村残疾人，应当在生产服务、技术指导、农用物资供应、农副产品收购和信贷等方面给予帮助。

第四章　就业服务

第二十一条　各级人民政府和有关部门应当为就业困难的残疾人提供有针对性的就业援助服务，鼓励和扶持职业培训机构为残疾人提供职业培训，并组织残疾人定期开展职业技能竞赛。

第二十二条　中国残疾人联合会及其地方组织所属的残疾人就业服务机构应当免费为残疾人就业提供下列服务：

（一）发布残疾人就业信息；

（二）组织开展残疾人职业培训；

（三）为残疾人提供职业心理咨询、职业适应评估、职业康复训练、求职定向指导、职业介绍等服务；

（四）为残疾人自主择业提供必要的帮助；

（五）为用人单位安排残疾人就业提供必要的支持。

国家鼓励其他就业服务机构为残疾人就业提供免费服务。

第二十三条　受劳动保障部门的委托，残疾人就业服务机构可以进行残疾人失业登记、残疾人就业与失业统计；经所在地劳动保障部门批准，残疾人就业服务机构还可以进行残疾人职业技能鉴定。

第二十四条　残疾人职工与用人单位发生争议的，当地法律援助机构应当依法为其提供法律援助，各级残疾人联合会应当给予支持和帮助。

第五章　法律责任

第二十五条　违反本条例规定，有关行政主管部门及其工作人员滥用职权、玩忽职守、徇私舞弊，构成犯罪的，依法追究刑事责任；尚不构成犯罪的，依法给予处分。

第二十六条　违反本条例规定，贪污、挪用、截留、私分残疾人就业保障金，构成犯罪的，依法追究刑事责任；尚不构成犯罪的，对有关责任单位、直接负责的主管人员和其他直接责任人员依法给予处分或者处罚。

第二十七条　违反本条例规定，用人单位未按照规定缴纳残疾人就业保障金的，由财政部门给予警告，责令限期缴纳；逾期仍不缴纳的，除补缴欠缴数额外，还应当自欠缴之日起，按日加收 5‰ 的滞纳金。

第二十八条 违反本条例规定，用人单位弄虚作假，虚报安排残疾人就业人数，骗取集中使用残疾人的用人单位享受的税收优惠待遇的，由税务机关依法处理。

第六章 附 则

第二十九条 本条例所称残疾人就业，是指符合法定就业年龄有就业要求的残疾人从事有报酬的劳动。

第三十条 本条例自 2007 年 5 月 1 日起施行。

附录 3 中共中央 国务院关于实施就业优先战略促进高质量充分就业的意见

就业是最基本的民生，事关人民群众切身利益，事关经济社会健康发展，事关国家长治久安。为实施就业优先战略，促进高质量充分就业，现提出如下意见。

一、总体要求

坚持以习近平新时代中国特色社会主义思想为指导，深入贯彻党的二十大和二十届二中、三中全会精神，坚持以人民为中心的发展思想，全面贯彻劳动者自主就业、市场调节就业、政府促进就业和鼓励创业的方针，以推动高质量发展为基础，以实施就业优先战略为引领，以强化就业优先政策为抓手，以破解结构性就业矛盾为着力点，以深化就业体制机制改革为动力，以不发生规模性失业风险为底线，持续促进就业质的有效提升和量的合理增长，推动实现劳动者工作稳定、收入合理、保障可靠、职业安全等，不断增强广大劳动者获得感幸福感安全感，为以中国式现代化全面推进强国建设、民族复兴伟业提供有力支撑。

经过努力，就业机会充分、就业环境公平、就业结构优化、人岗匹配高效、劳动关系和谐的局面逐步形成，系统集成、协调联动、数字赋能、管理科学、法治保障的就业工作体系更加健全。城镇就业稳定增长，失业水平有效控制，劳动参与率基本稳定，现代化人力资源加快塑造，就业公共服务体系更加完善，中等收入群体规模稳步扩大，社会保险覆盖面不断扩大，劳动者就业权益有效维护，使人人都有通过辛勤努力实现自身发展的机会。

二、推动经济社会发展与就业促进协调联动

（一）强化宏观调控就业优先导向。把高质量充分就业作为经济社会发展优先目标，纳入国民经济和社会发展规划，促进财政、货币、产业、价格、就业等政策协同发力，提高发展的就业带动力。健全就业影响评估机制，重大政策制定、重大项目确定、重大生产力布局要同步开展岗位创造、失业风险评估，构建就业友好型发展方式。

（二）增强现代化产业体系就业协同性。因地制宜发展新质生产力，改造提升传统产业，培育壮大新兴产业，布局建设未来产业，加快发展先进制造业集群，努力创造更多高质量就业岗位。推进生产性服务业融合发展，加快生活性服务业多样化发展，扩大第三产业就业容量。深入实施乡村振兴战略，发展现代农业，提高农业劳动生产率，增强农业就业吸引力。

（三）支持各类经营主体稳岗扩岗。发挥国有企业就业引领作用，综合运用财政支持、税收优惠、金融支持、社会保障等政策，引导各类主体更好履行稳岗扩岗社会责任。支持发展吸纳就业能力强的产业和企业，对就业示范效应好的经营主体，同等条件下优先保障建设用地计划，优先提供用工支持服务。

（四）提升区域协调发展就业承载力。深入实施区域协调发展战略、区域重大战略，加快形成一批服务融通、政策贯通、渠道畅通的就业集聚区和增长极。引导资金、技术、劳动密集型产业从东部向中西部、从中心城市向腹地有序转移，加大对革命老区、边境地区、资源枯竭地区等政策倾斜，促进区域间就业均衡发展。

（五）培育就业扩容提质新动能。拓展数字经济就业新空间，大力推进产业数字化、数字产业化，支持平台经济健康发展，做好数字转型中的岗位挖潜、职业转换。增加绿色就业新机会，积极发展节能降碳、环境保护、生态保护修复和利用等绿色产业，推动绿色发展和就业增长协同增效。开辟康养就业新领域，发展银发经济，促进健康

与养老、旅游、休闲、食品等产业深度融合，催生新的就业增长点。

三、着力解决结构性就业矛盾

（六）提高教育供给与人才需求的匹配度。适应新一轮科技革命和产业变革，科学研判人力资源发展趋势，统筹抓好教育、培训和就业。推动高等教育高质量发展，扩大理工农医类专业招生规模，根据社会需要、产业需求、职业开发优化调整学科专业设置。将就业状况作为办学资源配置、教育质量评估、招生计划安排的重要依据，对就业质量不高的专业实行红黄牌提示制度。加快发展现代职业教育，推进职普融通、产教融合、科教融汇，培养更多高素质技术技能人才。推进技工教育高质量特色发展，组建一批技工教育联盟（集团），遴选建设一批优质技工院校和优质专业。将职业生涯教育融入高校人才培养全过程，推动在普通高中阶段开展职业启蒙、职业认知、职业体验。

（七）健全终身职业技能培训制度。实施技能中国行动，大力开展职业技能培训，全面推行企业新型学徒制培训，构建贯穿劳动者学习工作终身、覆盖职业生涯全程的技能培训制度。加强公共实训基地、高技能人才培训基地建设，鼓励企业建设职业技能培训基地，形成以市场化培训为主导、行业企业自主培训为主体的职业技能培训供给体系。指导企业按规定足额提取和使用职工教育经费，保证60%以上的经费用于一线职工教育培训，允许用于企业建立职业学校（含技工院校）。

（八）拓宽技能人才发展通道。建立完善国家资历框架，推动职业资格、职业技能等级与相应职称、学历双向比照认定，推进"学历证书＋若干职业技能证书"制度实施，积极挖掘培育新的职业序列，及时发布新职业。畅通职业发展通道，支持符合条件的企业开展特级技师、首席技师评聘工作，建立一批技能大师工作室、劳模工匠创新工作室。动态发布技能人才薪酬价位信息，引导企业逐步提高技能人才薪酬待遇。健全以世界技能大赛为引领、全国职业技能大赛为龙头、全国行业和地方各级职业技能竞赛以及专项赛为主体、企业和院校职业技能比赛为基础的职业技能竞赛体系，完善相关表彰奖励政策。

四、完善重点群体就业支持体系

（九）拓展高校毕业生等青年就业成才渠道。促进市场化就业，完善工资待遇、职称评聘、培训升学等政策，开发更多有利于发挥所学所长的就业岗位，鼓励青年投身重点领域、重点行业、城乡基层和中小微企业就业创业，有条件的地方可对到位于县乡中小微企业就业的高校毕业生加大政策支持力度。提升青年就业服务效能，强化针对性职业指导、职业介绍、技能培训、见习实习，形成衔接校内校外、助力成长成才的服务支撑。实施青年就业启航、"宏志助航"等专项计划，强化对困难家庭毕业生、长期失业青年的就业帮扶，促进其尽早就业、融入社会。支持留学回国人员同等享受就业创业政策和服务。

（十）做好退役军人就业服务保障。健全学历教育与职业技能培训、创业培训、个性化培训并行的退役军人教育培训体系。挖掘岗位资源，探索"教培先行、岗位跟进"就业模式，鼓励优秀退役军人按有关规定到党的基层组织、城乡社区和退役军人服务机构工作。引导退役军人围绕国家重点扶持领域创业。

（十一）拓宽农村劳动力就业增收空间。壮大县域富民产业，推出一批适应乡村全面振兴需要的新职业，注重引导外出人才返乡、城市人才下乡创业，实施以工代赈，加快形成双向流动、互融互通的统筹城乡就业格局。组建区域劳务协作联盟，开展劳务品牌认定培育，完善就业服务、职业培训、权益维护一体化外出务工服务体系。推动农村低收入人口就业帮扶常态化，防止因失业导致规模性返贫。

（十二）完善困难人员就业援助制度。加强对大龄、残疾、较长时间失业等就业困难群体的帮扶，合理确定、动态调整就业困难人员认定标准，完善及时发现、优先服务、精准帮扶、动态管理的就业援助制度。鼓励支持企业吸纳就业、自主创业，统筹用好公益性岗位，确保零就业家庭动态清零。创造适合老年人的多样化、个性化就业岗位，加强求职就业、技能培训等服务。招用超过法定退休年龄劳动者的用人单位，要依法保障劳动者获得劳动报酬、劳动安全卫生保护、工伤保障等基本权益，支持用人单位按规定参加社会保险。

（十三）优化自主创业灵活就业保障制度。健全创业培训、创业服务、创业孵化、创业活动支持体系，优化创业促进就业政策环境，提升创业质量。支持灵活就业健康发展，建设区域性行业性零工市场、功能化便捷化零工驿站。支持和规范发展新就业形态，扩大新就业形态劳动者职业伤害保障试点，保障新就业形态劳动者对平台劳动规则的知情权、参与权，畅通劳动者维权渠道。对就业困难人员、离校 2 年内未就业高校毕业生灵活就业的，按照规定给予一定的社会保险补贴。

五、健全精准高效的就业公共服务体系

（十四）完善覆盖全民的就业公共服务制度。坚持普惠性、基础性、兜底性，完善服务清单，强化常住地、就业地服务责任，推动就业公共服务常住人口广覆盖、用人主体广惠及、就业创业全贯通。提升服务专业化水平，发挥公共就业服务能力提升示范项目作用，定期开展业务练兵、技能比武，支持就业公共服务机构、高校等的就业服务从业者申报相关专业职称，推动人力资源服务业创新发展、扩大服务供给。

（十五）夯实基层导向的就业公共服务基础。将就业公共服务体系建设纳入经济社会发展及国土空间相关规划，综合区位特点、人群特征、服务半径，布局服务设施、人员队伍，促进服务资源向基层延伸、向农村覆盖、向边远地区和就业困难群体倾斜。将基层就业公共服务融入以党建引领基层治理范畴，纳入基层民生保障服务事项，打造"家门口"就业服务站、"15 分钟"就业服务圈，健全标识统一、布局合理、服务规范、运行高效的基层就业公共服务网络。

（十六）推行数字赋能的就业公共服务模式。建立全国统一的就业信息资源库，推出全国就业公共服务平台，实现就业事项一体化办理、精准化服务、智能化监管。推广数字赋能、实地摸排、精准服务的模式，推进人力资源社会保障、教育、公安、民政、税务、市场监管等部门数据共享比对，将政策和服务主动精准推送给用人单位和劳动者。

六、提升劳动者就业权益保障水平

（十七）保障平等就业权利。坚决破除影响劳动力、人才流动的体制机制障碍，同步推进户籍、用人、档案等服务改革，消除地域、身份、性别、年龄等影响平等就业的不合理限制和就业歧视，畅通社会流动渠道。健全就业歧视救济机制，依法纳入劳动保障监察范围，完善民事支持起诉机制，稳妥开展公益诉讼检察工作。完善残疾

人按比例就业、集中就业、自主就业促进机制，发挥好残疾人就业保障金促进就业作用。保障妇女在就业创业、职业发展、技能培训、职业健康与安全等方面的合法权益，健全生育保障、普惠托育、就业扶持等支持体系，构建生育友好的就业环境。

（十八）促进劳动报酬合理增长。健全劳动、知识、技术等要素按贡献参与分配的初次分配机制，提高劳动报酬在初次分配中的比重。加强对企业工资收入分配的宏观指导，完善劳动者工资决定、合理增长、支付保障机制。

（十九）构建和谐劳动关系。完善劳动关系协商协调机制，推动企业依法保障劳动者取得劳动报酬、休息休假、获得劳动安全卫生保护等合法权益。加强劳动保障监察、劳动人事争议调解仲裁队伍建设，持续整治人力资源市场秩序，有效治理欠薪欠保、违法裁员、求职陷阱等乱象。

（二十）扩大社会保障覆盖面。推动用人单位及职工依法参加社会保险，健全灵活就业人员、农民工、新就业形态人员社会保障制度，全面取消在就业地参保户籍限制。推动失业保险、工伤保险、住房公积金向职业劳动者广覆盖。完善就业与失业保险、最低生活保障联动机制，按规定兑现失业保险待遇，提供分层分类社会救助，调整完善低保渐退期限和就业成本扣减规定。

七、凝聚促进高质量充分就业的工作合力

（二十一）加强组织领导。坚持把党的领导贯彻到促进高质量充分就业工作的各领域全过程。将就业工作作为县以上党政领导班子绩效考核重要内容，按有关规定开展就业工作表彰。各地区、各有关部门和单位要把就业当作民生头等大事，加强组织实施，健全制度机制，增强工作合力，结合实际抓好本意见贯彻落实，确保党中央、国务院决策部署落地见效。

（二十二）强化支撑保障。研究完善就业促进、反就业歧视相关法律制度。合理安排就业补助资金，统筹用好失业保险基金、各类产业引导基金等促进就业，完善政府购买就业公共服务制度。加快建构中国就业理论体系，加强就业理论研究和咨询智库建设。强化就业领域国际合作，建立常态化对话机制，提升我国在就业领域的国际话语权和影响力。

（二十三）防范化解重大风险。建立健全高质量充分就业统计监测体系，建立就

业岗位调查制度，适时开展高质量充分就业评估。完善规模性失业风险防范化解机制，加强监测预警、政策储备和应急处置，有条件的地方可设立就业风险储备金，妥善应对就业领域重大风险。积极应对人工智能等新兴技术快速发展对就业的影响。

（二十四）营造良好氛围。适时开展集中性就业促进和技能宣传活动，加大政策宣传解读力度，及时总结宣传典型经验和实施成效，加强舆论引导，推动形成全社会关心支持就业的良好氛围。

附录4　山东省实施《中华人民共和国残疾人保障法》办法

(1993年3月5日山东省第七届人民代表大会常务委员会第三十三次会议通过 2012年5月31日山东省第十一届人民代表大会常务委员会第三十一次会议修订　根据2017年3月29日山东省第十二届人民代表大会常务委员会第二十七次会议关于修改《山东省实施〈中华人民共和国残疾人保障法〉办法》的决定修正)

目　录

第一章　总　则

第一条　为了维护残疾人的合法权益，发展残疾人事业，保障残疾人平等地充分参与社会生活，共享社会物质文化成果，根据《中华人民共和国残疾人保障法》和其他有关法律、行政法规，结合本省实际，制定本办法。

第二条　本省行政区域内的残疾人保障工作以及与之相关的活动，适用本办法。

第三条　发展残疾人事业是社会文明进步的重要标志，保障残疾人的合法权益是全社会的共同责任。

机关、团体、企业事业单位以及其他组织应当采取措施，完善制度，保障残疾人在政治、经济、文化、社会和家庭生活等方面享有同其他公民平等的权利。

鼓励组织和个人为残疾人提供志愿服务。

第四条　残疾人的公民权利和人格尊严受法律保护。

禁止基于残疾的歧视。禁止侮辱、侵害残疾人。禁止通过大众传播媒介或者其他方式贬低损害残疾人人格。

任何单位和个人都有权制止、检举歧视残疾人和侵害残疾人合法权益的行为。

第五条　县级以上人民政府应当加强对残疾人工作的领导，将残疾人事业纳入国民经济和社会发展规划，制定本行政区域残疾人事业发展规划和年度计划；将残疾人事业经费纳入财政预算，并随着本级财政经常性收入的增长而增加，建立稳定的经费保障机制。

依法设立残疾人福利基金会，为发展残疾人事业依法募集资金。基金会财产的使用和管理应当符合国家有关规定。

各级社会福利彩票公益金中的本级留成公益金，应当安排不低于百分之十五的比例用于残疾人事业；各级体育彩票公益金中的本级留成公益金，应当安排一定比例用于残疾人体育事业。

有关单位应当每年向社会公布残疾人福利资金和用于残疾人事业的彩票公益金使用情况，并依法接受财政部门、审计机关和社会公众的监督。

第六条　县级以上人民政府负责残疾人工作的机构，负责组织、协调、指导、督促有关部门做好残疾人事业的工作，其日常工作由同级残疾人联合会承担。

各级人民政府和有关部门，应当密切联系残疾人，听取残疾人的意见，按照各自职责做好残疾人工作。

第七条　各级残疾人联合会代表残疾人的共同利益，维护残疾人的合法权益，团结教育残疾人，为残疾人服务。

各级残疾人联合会依照法律、法规、规章、章程或者接受人民政府委托，开展残疾人工作，参与与残疾人事业有关的社会管理和公共服务，指导、管理本地区各类残疾人群众组织，动员社会力量，发展残疾人事业。

残疾人专门协会代表本类别残疾人的利益，反映其精神和物质需求，针对自身特点开展群众性工作。

残疾人工作者应当依法履行职责，努力为残疾人服务。

第八条　在地方各级人民代表大会换届选举中，应当充分保障残疾人的选举权和被选举权。

残疾人较多的企业事业单位，职工代表大会应当有残疾职工代表。

第九条　制定地方性法规、政府规章和公共政策，涉及残疾人权益和残疾人事业重大问题的，应当听取残疾人组织、残疾人的意见和建议。

各级人民政府和有关部门在开展涉及残疾人权益工作的监督、检查、验收时，应当吸收残疾人组织参加。

第十条　禁止强迫残疾人劳动或者组织、胁迫、诱骗残疾人进行恐怖、残忍表演和乞讨。

第十一条　残疾人的扶养人必须对残疾人履行扶养义务。

残疾人的监护人必须履行监护职责，尊重被监护人的意愿，维护被监护人的合法权益。

残疾人的亲属、监护人应当帮助残疾人实现医疗救治、康复训练、教育培训、劳动就业、参与社会生活的权利，鼓励和帮助残疾人增强自立能力。

禁止对残疾人实施家庭暴力，禁止虐待、隐藏、遗弃、隔离残疾人。

第十二条　鼓励残疾人自尊、自信、自强、自立，积极融入社会，为经济发展和社会建设贡献力量。

残疾人应当遵守法律、法规，履行应尽的义务，遵守公共秩序，尊重社会公德。

第十三条　《中华人民共和国残疾人证》（以下简称残疾人证）是残疾人享受社会保障、社会福利、社会服务的重要凭证，由县（市、区）残疾人联合会核发。

申办残疾人证，免交残疾鉴定费和工本费，所需经费由财政负担。

第十四条　各级人民政府和有关部门应当对在经济发展和社会建设中做出显著成绩的残疾人，对维护残疾人合法权益、发展残疾人事业、为残疾人服务做出显著成绩的组织和个人，给予表彰和奖励。

第二章　预防、康复和医疗

第十五条　各级人民政府和有关部门应当制定实施残疾预防行动计划，强化安全生产、劳动保护、环境保护、交通安全、防灾减灾、安全预警等措施，预防残疾发生，减轻残疾程度。

第十六条　各级人民政府和有关部门应当宣传、普及母婴保健和预防残疾的知识，引导待孕夫妇参加免费孕前检查，建立健全出生缺陷预防和早期发现、早期治疗以及应急处理和医疗急救机制，健全以社区为基础、以一级预防为重点的三级残疾预防体系。

医疗保健机构应当为孕妇提供孕期保健服务，经产前诊断发现胎儿患有严重遗传性疾病或者有严重缺陷的，向夫妻双方说明情况，提出终止妊娠的医学意见。

第十七条　县级以上人民政府应当建立残疾报告制度，每年向社会公布主要数据。

医疗保健机构应当为新出生的残疾婴儿建档立卡，及时向县（市、区）人民政府卫生、人口计划生育等部门和残疾人联合会报告。

第十八条　各级人民政府和有关部门应当将残疾人康复工作纳入基本医疗卫生制度、基本社会保障制度和基层医疗卫生服务内容。

对参加城镇居民、城镇职工基本医疗保险和新型农村合作医疗的残疾人，其医疗康复项目所需费用按照有关规定从基本医疗保险和新型农村合作医疗基金中支付，并逐步扩大、提高残疾人医疗康复项目所需费用的支付范围和标准。

第十九条　县级以上人民政府应当建立新生婴儿基本病种筛查机制和残疾儿童早期康复干预制度。

卫生、民政等有关部门和残疾人联合会、医疗保健机构应当完善医疗康复服务网络，实施抢救性康复救助工作，所需费用按照规定从基本医疗保险或者新型农村合作医疗基金中支付，不足部分由当地人民政府给予补助。

第二十条　省人民政府有关部门制定康复机构服务和康复技术地方标准，规范服务管理，建立康复定点机构认证制度，按照规定将符合条件的残疾人康复机构纳入城镇居民、城镇职工基本医疗保险和新型农村合作医疗费用支付定点机构和工伤康复定点机构。

县级以上人民政府应当至少举办一所骨干型、标准化的残疾人专业康复机构，作为残疾人康复科研和服务基地。县级以上综合性医疗机构应当设立康复医学科室；城市社区卫生服务中心、乡镇卫生院、村卫生室根据康复服务需求设立康复室或者康复站，组织开展技术培训和专业指导，为残疾人开展康复服务。

第二十一条　县级以上人民政府有关部门应当将残疾人康复训练指导纳入全科医生培训和服务内容，并将康复知识培训纳入康复专业技术人员继续教育；按照国家规定实施康复专业技术人员职业准入制度。

残疾人教育机构、福利性单位等应当根据实际需要配备康复专业技术人员，指导残疾人康复训练。

第二十二条　公立医疗机构应当对残疾人就医费用实行减免优惠。

对就医的残疾人，二级以上综合公立医疗机构免收挂号、诊查、急诊观察床位等费用；社区卫生服务机构免收一般诊疗、出诊等费用；减收费用的检查治疗项目由医疗卫生机构确定，减收比例不得低于百分之二十。

第二十三条　县级以上人民政府应当建立完善残疾人医疗康复救助制度，对享受基本医疗保险、新型农村合作医疗待遇后仍有困难的残疾人提供救助；对享受城乡医疗救助的贫困残疾人，其住院费用在政策范围内的自付部分救助比例不低于百分之五十。

县级以上人民政府应当将重性精神病患者纳入定期免费服药范围，对符合救助条件的急发性精神病患者及时实施医疗救助。

第三章　教　育

第二十四条　县级以上人民政府及其教育行政部门应当保障残疾人享有平等接受教育的权利。

县级以上人民政府应当合理配置特殊教育资源，逐步增加残疾人教育专项资金，将残疾人教育纳入教育事业发展规划和评价考核体系。

第二十五条 县级以上人民政府应当全面实施残疾儿童、少年免费义务教育，提高残疾人义务教育水平，实施残疾儿童免费学前教育和残疾学生免费高级中等阶段教育，逐步实行残疾人免费高等职业教育；按照有关规定对贫困残疾人家庭学生和残疾人学生给予国家助学金等资助，保障其完成学业。

高等学校、中等职业学校应当适当放宽残疾学生的奖学金评定标准和贷学金审核条件。

第二十六条 普通教育机构必须接收具有接受普通教育能力的残疾儿童、少年随班就读，并为其学习、生活、康复提供帮助。普通幼儿教育机构应当接收能适应其生活的残疾幼儿。

县（市、区）人民政府对不能到学校就读的适龄残疾儿童、少年，应当组织教师和志愿者采取社区教育、送教上门、网络教育等形式实施义务教育，并设立送教服务工作专项补贴，专门用于开展残疾儿童、少年送教服务。

县（市、区）人民政府教育行政部门应当将前款规定的残疾儿童、少年纳入户籍所在地普通小学、初级中等学校或者特殊教育学校的学籍管理，可以适当推迟其入学年龄。

第二十七条 县级以上人民政府应当加强特殊教育机构标准化建设，改善办学条件。

设区的市和三十万人口以上、残疾儿童、少年较多的县（市）人民政府应当至少设立一所特殊教育机构；不足三十万人口的县（市、区）人民政府根据残疾人的数量、分布状况和残疾类别也可以设立特殊教育机构。有条件的特殊教育机构应当设立学前班，对残疾儿童实施康复和教育。

县级以上人民政府有关部门应当依托各类残疾儿童专业康复机构、福利机构开展残疾儿童早期干预、早期康复、早期教育。鼓励和扶持社会力量兴办残疾人康复教育机构，接收不适宜在普通教育机构就读的残疾儿童、少年。

第二十八条 县级以上人民政府应当按照逐步达到高于同类普通教育机构学生人均六倍以上的标准，向特殊教育机构或者设立残疾学生辅读班、接收随班就读残疾学生的普通教育机构拨付残疾学生公用经费。

第二十九条　残疾考生、学生可以免试体育；听力和言语残疾考生、学生可以免试外语。

第四章　劳动就业

第三十条　各级人民政府应当制定促进残疾人就业的政策措施，统筹规划残疾人就业工作，扶持残疾人就业扶贫基地建设，鼓励残疾人自主创业，拓宽残疾人就业渠道，为残疾人创造劳动就业条件。

第三十一条　用人单位应当按照不低于本单位在职职工总数百分之一点五的比例安排残疾人就业，并逐步建立按照比例安排残疾人就业岗位预留制度。

未达到安排残疾人就业比例的用人单位，应当缴纳残疾人就业保障金。残疾人就业保障金的征收按照国家和省有关规定执行。

机关、人民团体、事业单位、国有企业应当带头安置残疾人就业，设置适合残疾人就业的岗位；招考国家公务员、招聘事业单位工作人员和招用劳动者，不得歧视残疾人。

第三十二条　残疾人申请从事个体经营的，工商行政管理部门应当优先核发营业执照，对经营困难的残疾人免收个体工商户管理费、市场管理费、年检费，并在场地、摊点、摊位等方面提供方便；税务机关应当按照国家有关规定给予税收优惠。

第三十三条　各级残疾人联合会设立的残疾人公共就业服务机构应当在人力资源社会保障部门的业务指导下，按照职责开展残疾人就业咨询、劳动技能评估、求职登记和定向指导、职业介绍等服务，对用人单位安排残疾人就业状况进行年度审核；向未达到安排残疾人就业比例的用人单位推荐适合的残疾人就业，用人单位无法定事由不得拒绝。

前款规定的审核结果应当向同级人民政府报告，并向社会公开。

第三十四条　各级人民政府开发的适合残疾人就业的公益性岗位，应当按照不低于百分之十的比例专项用于安排残疾人就业。

乡镇、县（市、区）人民政府应当将残疾人专职干事纳入社会工作者队伍和公益性岗位规范管理，保障其工资、福利、社会保险待遇；对基层群众性自治组织和社区残疾人专职委员按照规定给予补贴，所需经费由本级财政负担。

第三十五条　县级以上人民政府及其有关部门应当确定适合残疾人生产、经营的产品和项目，优先安排残疾人集中就业和残疾人创办的企业以及其他残疾人福利性单位生产或者经营，并将其生产、经营的产品和服务纳入政府集中采购目录；同等条件下，采购人和集中采购机构应当优先采购其产品和服务。

第三十六条　县级以上人民政府有关部门设立的职业培训机构，应当为残疾人提供职业培训。残疾人取得培训合格证书的，按照有关规定享受培训补贴。

残疾人在各类职业培训机构接受职业培训，取得培训合格证书的，由当地残疾人联合会按照规定给予职业培训补贴，所需费用从残疾人就业保障金中支付。

第三十七条　县级以上人民政府有关部门设立的公共就业服务机构，应当开辟残疾人就业专门窗口，积极向用人单位推荐残疾人就业，免收相关费用。

第三十八条　用人单位安排残疾人就业，应当为其选择适合的岗位，并依法与其订立劳动合同、聘用合同或者服务协议。

残疾职工在转正、晋级、职称评定、劳动报酬、生活福利、休息休假、社会保险等方面应当与其他职工享受同等待遇。

第三十九条　用人单位依照劳动合同法裁减人员时，应当优先留用残疾职工或者其家庭成员；裁减残疾职工的，应当向当地残疾人就业服务机构报告。

企业事业单位发生合并、分立、转制等情形的，承继其权利义务的单位应当依法为残疾职工缴纳社会保险费和住房公积金。

第五章　文化体育

第四十条　各级人民政府和有关部门应当有计划地新建、改建、扩建方便残疾人活动的文化、体育、娱乐等公共场所；县级以上各类综合性文化、体育场所，应当设置适合残疾人活动的场地和设施；有条件的县级以上人民政府应当建立残疾人文化活动中心和体育训练中心。

实行收费的公园、展览馆、文化馆、体育场馆等公共场所，应当为残疾人提供方便和照顾，对残疾人免费或者优惠开放，重度残疾人和盲人的一名陪护人员与残疾人享有同等待遇；全民健身活动场所应当配置适合残疾人身心特点的健身康复器材。

第四十一条　广播、电视、报刊、网络、移动通信等大众传播媒介，应当采取多种形式，免费刊播公益广告、开办专题栏目，宣传残疾人事业。

省、设区的市的电视台应当开办手语新闻节目。影视作品和节目应当加配字幕。

第四十二条　县级以上公共图书馆应当设立盲文读物、盲人有声读物图书室；盲人较多的社区、学校、企业，应当在图书室、阅览室、资料室提供盲文读物和盲人有声读物，配备盲人使用的计算机等设备。

鼓励单位和个人帮助残疾人学习使用计算机、移动通讯工具和残疾人专用软件。

第四十三条　残疾人运动会应当与健全人运动会同一城市举办；对残疾人运动会获奖运动员的一次性表彰和奖励，应当与健全人运动会执行同一标准。对在国际、国内重大比赛中取得优异成绩的残疾人运动员，在上学和就业等方面按照有关规定给予照顾。

县级以上人民政府有关部门和残疾人联合会举办的文化、体育活动，所需经费由本级财政予以保障。残疾人在集训、演出、比赛期间，组织者应当为其办理意外伤害保险；残疾学生所在学校应当保留其学籍；残疾职工所在单位应当保障其工资和福利待遇不变；对无固定收入的残疾人，组织者应当给予适当补贴。

第六章　社会保障

第四十四条　各级人民政府应当建立和完善残疾人社会保障和服务体系，将残疾人公共服务业纳入本级公共服务体系建设规划，根据当地经济社会发展状况，建立覆盖城乡的残疾人生活保障救助机制，针对不同的残疾类别和级别，确定补贴和补贴标准，改善残疾人的物质文化生活。

第四十五条　各级人民政府应当将残疾人托养、日间照料等服务设施建设纳入当地重点建设项目和城乡公益性建设项目，保障其建设规模与服务需求相适应，支持残疾人康复器械、辅助器具、特殊教育工具和无障碍设施等产品的开发和应用；可以通过政府补贴、政府购买服务等形式，培育、扶持专门面向残疾人服务的社会组织。

县级以上人民政府应当对残疾人居住环境进行无障碍建设、改造；对享受最低生活保障的重度残疾人按照有关规定免费适配基本型辅助器具，对其他残疾人适配辅助器具给予补贴。

县级以上人民政府应当对向智力残疾、精神残疾和其他重度残疾人提供集中托养、日间照料或者居家安养的机构，按照规定标准给予经费补贴。

第四十六条 县级以上人民政府应当按照规定为参加新型农村合作医疗的残疾人、参加城镇居民基本医疗保险的贫困残疾人，代缴个人承担部分的全部或者部分费用；为参加城镇居民和新型农村社会养老保险的重度残疾人，代缴个人承担部分最低标准的全部或者部分费用。

社会保险经办机构应当对符合条件的失业残疾人依法足额发放失业保险金；对参加城镇居民、新型农村社会养老保险和城镇职工基本养老保险的残疾人，根据其健康状况，按照国家规定在发放养老金方面给予照顾。

第四十七条 县（市、区）人民政府和有关部门应当对残疾人给予下列优惠待遇：

（一）对贫困重度残疾人，按照有关规定发放生活补贴；

（二）对符合条件的残疾人，给予城乡最低生活保障或者供养；

（三）对符合享受最低生活保障待遇的重度残疾人、一户有两个以上残疾人和有老年残疾人的家庭，适当提高最低生活保障金的补助标准；对依靠父母或者兄弟姐妹扶养的无生活自理能力和固定收入的成年残疾人应当按照有关规定给予最低生活保障待遇；

（四）对民政部门核定为低收入、最低生活保障边缘户的残疾人家庭，或者享受最低生活保障待遇后生活仍有困难的残疾人家庭，按照有关规定给予临时性救助；

（五）在农村危房改造中，优先改造住房困难的贫困残疾人家庭房屋；对符合村镇规划和宅基地申请条件的农村残疾人给予优先照顾；

（六）对符合条件的城市低收入残疾人家庭，优先纳入城市廉租住房或者经济适用住房保障范围，按照规定提供租房补贴、实物配租或者减免租金，并在楼层分配中给予照顾；

（七）征收残疾人房屋的，征收人应当为残疾人提供便利，在调换、回迁房屋的地点、楼层、相关补偿等方面给予照顾；

（八）对其他困难残疾人，按照有关规定落实帮扶措施。

第四十八条　残疾人凭残疾人证或者其他有效证件享受下列优惠和照顾：

（一）免费乘坐市内公共交通工具，乘坐其他交通工具优先购票、检票；

（二）盲人可以牵引导盲犬乘坐交通工具和出入公共场所；

（三）听力残疾人减半交纳移动通讯工具信息费；

（四）视力残疾人、听力残疾人、言语残疾人家庭免收电视初装费，减半交纳基本收视维护费；

（五）符合条件的残疾人购买自驾的残疾人专用机动车辆，减半交纳登记类、管理类行政收费，在公共停车场、住宅小区临时停车场停车免交停车费；

（六）村民委员会兴办公益事业，残疾人不承担筹资筹劳义务；

（七）农村残疾人家庭和城镇享受最低生活保障或者低收入残疾人家庭，按照规定减半交纳或者免交生活用电、水、煤气、采暖等费用。

第四十九条　城市人民政府设立的救助机构应当对城乡生活无着的流浪乞讨残疾人依法实施救助，并由其户籍所在地政府予以妥善安置。

第五十条　县级以上人民政府有关部门应当为残疾人驾驶机动车创造条件，对符合条件申请驾驶机动车的残疾人在考试、办理驾驶执照等方面提供便利，并推动有关单位在驾驶培训、体检、车辆检测、安装残疾人驾驶辅助装具和改装车辆等方面提供优惠。

第五十一条　各级应当建立残疾人法律救助工作协调机制，组织、协调残疾人法律救助工作。

对有经济困难或者其他原因确需法律救助的残疾人，法律援助机构、人民法院应当依法为其提供法律援助或者司法救助。

第七章　无障碍环境

第五十二条　各级人民政府应当为残疾人平等参与社会生活创造无障碍环境，将无障碍环境建设纳入城乡建设规划和文明城市、文明单位考核评比内容；建立健全公共服务部门无障碍建设激励和责任追究机制，通过行政奖励、财政补贴、行政效能督察、执法检查等措施，推进全省无障碍环境建设。

第五十三条 新建、改建、扩建公共建筑、城市道路、公共设施和场所等，应当按照国家有关规范、标准进行无障碍设施设计、施工，配套建设的无障碍设施应当与建设项目实行同步规划、同步设计、同步施工、同步验收、同时交付使用。

设有无障碍设施或者提供无障碍服务的公共场所，应当设置符合国家标准的无障碍标识。

第五十四条 县级以上人民政府有关部门应当将配套建设无障碍设施的内容列入建设项目审查范围；对不符合建设工程规划设计中无障碍建设要求的建设项目，城乡规划主管部门不予核发建设工程规划许可证，住房城乡建设行政主管部门不予办理施工许可证和竣工验收备案手续。

第五十五条 县级以上人民政府应当制定优惠政策，扶持残疾人专用犬驯养服务业发展；有关部门对盲人饲养导盲犬、肢体残疾人饲养扶助犬，应当免收行政事业性收费。

第五十六条 经济和信息化、广播电视等部门，移动通信等信息化服务企业应当将无障碍信息交流纳入信息化建设规划，支持无障碍信息交流技术、产品、服务的研制和开发。

第五十七条 公共交通工具和乘客等候区应当逐步达到无障碍设施的要求。机场、车站、港口客运站应当设置方便残疾人通行的绿色通道，候机（车、船）室应当配置轮椅和残疾人专用卫生间，飞机、车（船）上应当按照一定比例设置残疾人专用席位。

城市主要交通道路应当配置具有无障碍设施的公共交通工具，设立盲文站牌；城市公共停车场应当在最方便位置设置残疾人专用停车位，设置残疾人免费停车标志，非残疾人机动车不得占用。

第八章 法律责任

第五十八条 残疾人的合法权益受到侵害的，可以要求有关部门依法处理，或者依法向仲裁机构申请仲裁、向人民法院提起诉讼；也可以向残疾人组织投诉，残疾人组织有权要求有关部门或者单位查处，有关部门或者单位应当依法查处，并予以答复。

第五十九条 国家机关、人民团体及其工作人员有下列行为之一的，由主管机关或者所在单位对直接负责的主管人员和其他直接责任人员给予批评教育或者处分；给残疾人造成损害的，依法承担国家赔偿责任；构成犯罪的，依法追究刑事责任：

（一）对侵害残疾人合法权益的申诉、控告、检举应当受理而不受理，或者受理后不予查处，造成严重后果的；

（二）对提出申诉、控告、检举的残疾人及其亲属进行打击报复的；

（三）未依法核发残疾人证的；

（四）未依法审核用人单位安排残疾人就业情况的；

（五）侵害残疾人合法权益的其他行为。

第六十条　违反本办法，有下列行为之一的，由有关部门责令改正；拒不改正的，依法给予行政处罚或者行政处分：

（一）通过大众传播媒介或者其他方式贬低、损害残疾人人格，情节严重的；

（二）强迫残疾人劳动或者组织、胁迫、诱骗残疾人进行恐怖、残忍表演和乞讨的；

（三）对残疾人实施家庭暴力或者虐待、隐藏、遗弃、隔离残疾人的；

（四）教育机构拒不接收残疾儿童、少年入学，或者对残疾儿童、少年入学附加额外条件，或者拒绝为有学习能力、不能到校学习的重度残疾儿童、少年以送教上门形式实施义务教育，或者无正当理由开除残疾学生的；

（五）用人单位未向残疾职工提供基本无障碍工作和生活环境、无法定事由拒绝安排残疾人就业或者拒绝缴纳残疾人就业保障金的；

（六）用人单位无法定事由辞退、开除残疾职工，或者解除、终止与残疾职工订立的劳动合同、聘用合同或者服务协议的；

（七）用人单位虚报残疾人就业人数或者虚假安排残疾人就业骗取相关税费减免优惠待遇的；

（八）用人单位未依法为残疾人缴纳社会保险费，或者不落实残疾人工资和福利待遇的；

（九）未执行无障碍建设强制性标准或者破坏、非法占用无障碍设施或者对无障碍设施未及时进行维修和保护的。

第六十一条　违反本办法，用人单位未按照规定缴纳残疾人就业保障金的，由财政部门给予警告，责令限期缴纳；逾期仍不缴纳的，除补缴欠缴数额外，还应当自欠缴之日起按照每日千分之五的比例加处滞纳金。

前款规定的加处滞纳金的数额不得超出残疾人就业保障金的数额。

第六十二条　对违反本办法的其他行为，法律、法规已有处理规定的，适用其规定。

第九章　附　则

第六十三条　本办法自 2012 年 9 月 1 日起施行。

附录 5　山东省残疾人就业办法

（2013 年 12 月 16 日山东省人民政府令第 270 号公布　根据 2018 年 1 月 24 日山东省人民政府令第 311 号修订　自 2014 年 2 月 1 日起施行）

第一章　总　则

第一条　为了促进残疾人就业，保障残疾人的劳动权利，根据《中华人民共和国残疾人保障法》、国务院《残疾人就业条例》和《山东省实施〈中华人民共和国残疾人保障法〉办法》等法律、法规，结合本省实际，制定本办法。

第二条　本省行政区域内的机关、团体、企业、事业单位、民办非企业单位（以下统称"用人单位"），应当依照有关法律、法规和本办法的规定，履行扶持残疾人就业的责任和义务。

第三条　禁止用人单位在就业中歧视残疾人。

残疾人依法享有平等就业、自主择业和平等获取劳动报酬的权利。

残疾人应当积极参加职业培训，提高自身素质，增强就业创业能力，遵守用人单位的劳动纪律，恪守职业道德。

第四条　各级人民政府应当加强对残疾人就业工作的领导，将残疾人就业纳入国民经济和社会发展规划，并制定优惠政策和扶持保护措施，多渠道筹措资金，为残疾人就业创造条件。

第五条　县级以上人民政府负责残疾人工作的机构，负责组织、协调、指导和督促有关部门做好残疾人就业工作。

县级以上人民政府人力资源社会保障、财政、民政、税务、工商行政管理等部门按照职责，做好残疾人就业工作。

第六条　各级残疾人联合会依照有关法律、法规和规章，负责残疾人就业工作的具体组织实施和监督工作。

工会、共产主义青年团、妇女联合会，应当在各自的职责范围内，做好残疾人就业工作。

第七条　对在残疾人就业工作中做出显著成绩的单位和个人，按照有关规定给予表彰和奖励。

第二章　用人单位的责任

第八条　用人单位应当按照不低于本单位在职职工总数 1.5％的比例安排残疾人就业，逐步建立按照比例安排残疾人就业岗位预留制度，并提供适当的工种、岗位。

按照规定比例计算应当安排就业的残疾人不足 1 人的，安排 1 人。用人单位跨省、市、县（市、区）招用的残疾人，应当计入所安排的残疾人职工人数之内。

用人单位安排残疾人就业达不到规定比例的，应当缴纳残疾人就业保障金。

第九条　用人单位应当在每年第一季度内向当地残疾人就业服务机构报告本单位上年度安排残疾人就业情况、在职职工人数和本年度安排残疾人就业的计划。

第十条　政府和社会依法兴办的盲人按摩机构、工疗机构和其他福利性单位（以下统称"集中使用残疾人的用人单位"），应当集中安排残疾人就业。

第十一条　用人单位在招用工作人员时，不得以残疾为由拒绝接收、录用符合岗位要求的残疾人。

机关、人民团体、事业单位、国有企业应当带头执行按照比例安排残疾人就业规定和逐步建立按照比例安排残疾人就业岗位预留制度，新招考公务员、招聘事业单位工作人员或者企业职工时，不得拒绝录用符合条件的残疾人。

第十二条　用人单位招用残疾人职工，应当依法与其签订劳动合同或者服务协议，并为其办理社会保险；依法裁减人员，应当优先留用残疾人职工或者其家庭成员；与残疾人职工解除、终止劳动合同或者服务协议的，应当报告当地残疾人联合会备案。

第十三条　用人单位应当向残疾人职工按时足额支付劳动报酬，并且不得低于当地最低工资标准。

第十四条　用人单位应当为残疾人职工提供适合其身体状况的劳动条件和劳动保护，不得以暴力、威胁或者限制人身自由等手段强迫残疾人劳动。

第十五条　用人单位不得在晋职、晋级、职称评定、劳动报酬、生活福利、休息休假、社会保险等方面歧视残疾人职工。

第十六条　用人单位应当根据本单位残疾人职工的实际情况，对残疾人职工免费进行上岗、在岗、转岗等培训。

第十七条　用人单位应当采取措施，逐步建设和完善规范的无障碍设施，推进残疾人信息交流无障碍工作，改善残疾人的就业环境。

第三章　保障措施

第十八条　各级人民政府应当采取措施，拓宽残疾人就业渠道，多形式开发适合残疾人就业的岗位，保障残疾人就业。

鼓励社会组织和个人为促进残疾人就业提供捐助和服务。

鼓励用人单位每年为在职残疾人职工购买一份意外伤害保险。

第十九条　各级人民政府投资或者扶持开发的适合残疾人就业的公益性岗位，应当按照不低于用工总数 10% 的比例安排残疾人就业。

各级人民政府发展社会性服务、建立完善社区服务点，应当优先安排残疾人就业。

乡镇、县（市、区）人民政府应当将残疾人专职干事纳入社会工作者队伍，保障其工资、福利、社会保险待遇；对基层群众性自治组织和社区的残疾人专职委员按照规定给予补贴，所需经费由财政负担。

第二十条　设区的市和县（市、区）人民政府及其有关部门应当在城镇区域内划出适当经营场所或者摊位，安排残疾人从事经营活动，并按照规定免收管理类、登记类和证照类的行政事业性收费；税务机关应当按照国家有关规定依法给予税收优惠。

第二十一条　建立按比例安排残疾人就业年度报告制度。各级残疾人联合会设立的残疾人就业服务机构，对用人单位按比例安排残疾人就业状况进行年度审核；向未达到规定比例的用人单位推荐适合的残疾人就业，用人单位无法定事由不得拒绝。

第二十二条　征收残疾人就业保障金原则上按照属地原则管理。残疾人就业保障金的征收、使用和管理，按照国家和省有关规定执行。

第二十三条　依法征收的残疾人就业保障金应当纳入财政预算，实行收支两条线管理，按照有关规定使用，任何组织和个人不得挪用、截留或者私分。

有关单位应当定期向社会公布残疾人就业保障金的使用情况。财政、审计部门应当依法定期对残疾人就业保障金的使用情况进行监督检查和审计监督，并将结果向社会公开。

第二十四条　县级以上人民政府应当执行税收优惠规定，符合条件的用人单位依法享受税收优惠政策。

享受税收优惠的集中使用残疾人的用人单位对减免和退还的税金，应当将不低于其总额 10% 的比例用于补贴残疾人职工个人应当缴纳的社会保险费。

第二十五条　县级以上人民政府有关部门、残疾人联合会应当确定适合残疾人生产、经营的产品、项目，优先安排残疾人集中就业和残疾人创办的企业以及其他残疾人福利性单位生产、经营，根据用人单位的生产特点确定某些产品由其生产，并将其生产、经营的产品和服务纳入政府采购目录。

机关、事业单位在产品和服务采购工作中，应当将参与竞标单位安置残疾人就业情况纳入评标体系，予以量化加分；采取其他采购方式的，在同等条件下，优先选择残疾人创办的企业、残疾人辅助性就业企业、超比例安排残疾人就业单位的产品和服务。

第二十六条　县级以上人民政府在一定期限内对自主择业、自主创业的残疾人给予小额信贷贴息等扶持。

鼓励残疾人自主择业、自主创业。

第二十七条　县级以上人民政府及有关部门应当组织和扶持农村残疾人从事种植业、养殖业、手工业和其他形式的生产劳动，安排一定比例的残疾人就业保障金扶持农村残疾人发展生产，并在生产服务、技术指导、农用物资供应、农副产品收购和信贷等方面给予扶助。

第二十八条　残疾人职工参加国内外重大比赛和参加集训期间，鼓励用人单位保留其工资和福利待遇；对残疾人选手，组织单位应当给予补贴。对在国内外重大体育、职业技能等比赛中成绩突出的优秀残疾人运动员或者选手，机关、团体、企业事业单位应当创造条件，积极促进其就业。

第四章　就业服务

第二十九条　县级以上人民政府及其有关部门应当将残疾人就业服务纳入公共就业服务体系，为就业困难的残疾人提供有针对性的就业援助服务，鼓励和扶持职业培训机构和职业鉴定机构为残疾人提供职业培训和职业资格鉴定，按照规定给予培训和鉴定补贴，并组织残疾人定期开展职业技能竞赛。

第三十条　各级人力资源市场应当设立残疾人就业窗口，向用人单位推荐残疾人就业，按照有关规定为其保管档案，并免收就业残疾人人事档案、人事关系委托保管费。

第三十一条　县级以上残疾人联合会应当设立残疾人就业服务机构，并免费提供下列服务：

（一）发布残疾人就业信息；

（二）组织开展残疾人职业技能和实用技术培训；

（三）为残疾人提供职业心理咨询、职业适应评估、职业康复训练、求职定向指导、职业介绍等服务；

（四）为残疾人个体就业和自主择业、跨地区就业和农村残疾人进城务工、组织劳务输出等提供必要的帮助；

（五）为用人单位安排残疾人就业提供必要的支持。

鼓励其他就业服务机构为残疾人就业提供免费服务。

第三十二条　对超比例安排残疾人就业的用人单位，按照规定通过残疾人就业保障金给予一定奖励，用于该单位为残疾人职工缴纳社会保险费、岗位培训和购买意外伤害保险等。

第三十三条　残疾人职工与用人单位发生争议，人力资源社会保障部门应当积极协调，依法维护残疾人职工合法权益，各级残疾人联合会应当给予帮助和支持，并根据需求协调有关部门提供法律援助、免费提供盲文、手语翻译等服务。

第五章　法律责任

第三十四条　违反本办法规定，有关行政主管部门、单位及其相关工作人员滥用职权、玩忽职守、徇私舞弊，视情节轻重给予相应处分；构成犯罪的，依法追究刑事责任。

第三十五条　违反本办法规定，挪用、截留、私分残疾人就业保障金，尚不构成犯罪的，对有关责任单位、直接责任人员依法给予处分或者处罚；构成犯罪的，依法追究刑事责任。

第三十六条　违反本办法，用人单位未按照规定缴纳残疾人就业保障金的，由财政部门给予警告，责令限期缴纳；逾期仍不缴纳的，除补缴欠缴数额外，还应当自欠缴之日起按照每日千分之五的比例加处滞纳金。

前款规定的加处滞纳金的数额不得超出残疾人就业保障金的数额。

第三十七条　违反本办法规定，用人单位弄虚作假，采取虚报安排残疾人就业人数等手段，骗取集中使用残疾人的用人单位享受的税收优惠待遇的，由税务机关依法处理。

第六章　附　则

第三十八条　本办法所称残疾人就业，是指符合法定就业年龄、有就业要求的残疾人从事有报酬的劳动。

第三十九条　本办法自 2014 年 2 月 1 日起施行。2000 年 12 月 27 日山东省人民政府发布的《山东省按比例安排残疾人就业办法》（省政府令第 115 号）同时废止。

附录6　山东省残疾人就业保障金征收使用管理办法

第一章　总　则

第一条　为规范残疾人就业保障金（以下简称保障金）征收使用管理，促进残疾人就业，保障残疾人权益，根据《中华人民共和国残疾人保障法》《残疾人就业条例》（国务院令第488号）、《山东省实施〈中华人民共和国残疾人保障法〉办法》《山东省残疾人就业办法》（省政府令第270号公布，省政府令第311号修订）和《财政部国家税务总局中国残疾人联合会关于印发〈残疾人就业保障金征收使用管理办法〉的通知》（财税〔2015〕72号）等法律法规制度规定，结合我省实际，制定本办法。

第二条　保障金是为保障残疾人权益，由未按规定安排残疾人就业的机关、团体、企业、事业单位和民办非企业单位（以下统称用人单位）缴纳的资金。

第三条　保障金的征收、使用和管理，适用本办法。

第四条　本办法所称残疾人，是指持有《中华人民共和国残疾人证》上注明属于视力残疾、听力残疾、言语残疾、肢体残疾、智力残疾、精神残疾和多重残疾的人员，或者持有《中华人民共和国残疾军人证》（1至8级）的人员。

第五条　保障金的征收、使用和管理应当接受财政部门的监督检查和审计机关的审计监督。

第二章　征收缴库

第六条　按照《山东省残疾人就业办法》规定，本省行政区域内，用人单位安排残疾人就业的比例不得低于本单位在职职工总数的1.5%。

用人单位安排残疾人就业达不到规定比例的，应当缴纳保障金。

第七条　用人单位将残疾人录用为在编人员或依法与就业年龄段内的残疾人签订1年以上（含1年）劳动合同（服务协议），且实际支付的工资不低于当地最低工资标准，并足额缴纳社会保险费的，方可计入用人单位所安排的残疾人就业人数。

用人单位安排 1 名持有《中华人民共和国残疾人证》（1—2 级）或《中华人民共和国残疾军人证》（1—3 级）人员就业的，按照安排 2 名残疾人就业计算。相关部门应在相关信息查证工作方面给予支持配合。

用人单位跨省、市、县（市、区）招用残疾人的，应当计入所安排的残疾人就业人数。

第八条　保障金按上年用人单位安排残疾人就业未达到规定比例的差额人数和本单位在职职工年平均工资之积计算缴纳。计算公式如下：

保障金年缴纳额 =（上年用人单位在职职工人数 ×1.5%- 上年用人单位实际安排的残疾人就业人数）× 上年用人单位在职职工年平均工资。

用人单位在职职工，是指用人单位在编人员或依法与用人单位签订 1 年以上（含 1 年）劳动合同（服务协议）的人员。

季节性用工应当折算为年平均用工人数。以劳务派遣用工的，计入派遣单位在职职工人数。

季节性用工折算公式为：季节性用工折算年平均用工人数 = 季节性用工人数 × 季节性用工月数 /12。

用人单位安排残疾人就业未达到规定比例的差额人数，以公式计算结果为准，可以不是整数（保留两位小数）。

上年用人单位在职职工年平均工资，按用人单位上年在职职工工资总额除以用人单位在职职工人数计算。用人单位在职职工工资总额，按照国家统计局关于工资总额组成的有关规定执行。

用人单位在职职工年平均工资未超过当地社会平均工资 2 倍（含）的，按用人单位在职职工年平均工资计征保障金；超过当地社会平均工资 2 倍的，按当地社会平均工资 2 倍计征保障金。

前款所称当地社会平均工资是指本省设区市统计部门向社会公布的本市范围内的社会平均工资。

第九条　保障金由用人单位所在地的税务部门负责征收。

省直单位和中央驻鲁单位按照本办法应缴纳的保障金，由所在地设区的市级税务部门负责征收，或由其指定的税务部门负责征收。

第十条 残疾人就业服务机构应当配合保障金征收机关做好保障金征收工作。

用人单位应于每年 4 月 30 日前，按规定如实向残疾人就业服务机构申报上年本单位安排的残疾人就业人数。未按规定时限申报的，视为未安排残疾人就业。

残疾人就业服务机构应于每年 6 月 30 日前，将审核确定后的用人单位上年实际安排的残疾人就业人数提供给同级保障金征收机关。

第十一条 保障金实行按年缴纳。

用人单位应于每年 7 月 1 日—10 月 31 日，向办理税务登记或扣缴税款登记所在地的税务机关申报缴纳保障金，据实申报本单位上年在职职工人数、上年在职职工年平均工资、经残疾人就业服务机构审核后的上年实际安排残疾人就业人数等信息。用人单位应对申报信息的真实性和完整性负责。

第十二条 保障金征收机关应当定期对用人单位进行检查。发现用人单位申报不实、少缴纳保障金的，征收机关应当催报并追缴保障金。

第十三条 保障金征收机关征收保障金时，应当向用人单位开具省级财政部门统一印制的票据或税收票证。

第十四条 保障金实行属地征缴，按规定比例就地分成缴入相应级次国库。

驻济的中央和省级机关、团体、事业单位缴纳的保障金，属省级收入，全额缴入省级国库。

设区的市和县（市、区）人民政府征收的保障金，其征收总额的 5% 纳入省级收入统筹使用。

第十五条 保障金应采取财税库银税收收入电子缴库横向联网方式征缴。

第十六条 对安排残疾人就业未达到规定比例、在职职工总数 30 人以下（含 30 人）的企业，自工商登记注册之日起 3 年内免征保障金。

第十七条 用人单位遇不可抗力自然灾害或其他突发事件遭受重大直接经济损失，可以申请减免或者缓缴保障金。具体办法由省财政部门另行规定。

用人单位申请减免保障金的最高限额不得超过 1 年的保障金应缴额，申请缓缴保障金的最长期限不得超过 6 个月。

批准减免或者缓缴保障金的用人单位名单，应当每年公告一次。公告内容应当包括批准机关、批准文号、批准减免或缓缴保障金的主要理由等。

第十八条　保障金征收机关应当严格按规定的范围、标准和时限要求征收保障金，确保保障金及时、足额征缴到位。

第十九条　任何单位和个人不得违反本办法规定，擅自减免或缓征保障金，不得自行改变保障金的征收对象、范围和标准。

第二十条　各级应当建立用人单位按比例安排残疾人就业及缴纳保障金公示制度。

残疾人联合会应当每年向社会公布本地用人单位安排残疾人就业情况。相关部门应在信息共享方面给予支持配合。

保障金征收机关应当定期向社会公布本地用人单位缴纳保障金情况。

第三章　使用管理

第二十一条　保障金属政府非税收入，纳入一般公共预算统筹安排，用于支持残疾人就业和保障残疾人生活及残疾人事业发展方面支出。支持方向包括：

（一）残疾人职业培训、职业教育、康复和托养支出。

（二）残疾人就业服务机构提供残疾人就业服务和组织职业技能竞赛（含展能活动）支出。补贴用人单位安排残疾人就业所需设施设备购置、改造和支持性服务费用。补贴辅助性就业、托养康复机构建设和运行费用。

（三）残疾人从事个体经营、自主创业、灵活就业的经营场所租赁、启动资金、设施设备购置补贴和小额贷款贴息。各种形式就业残疾人的社会保险缴费补贴和用人单位岗位补贴。扶持农村残疾人从事种植、养殖、手工业及其他形式生产劳动。

（四）奖励超比例安排残疾人就业的用人单位，以及为安排残疾人就业做出显著成绩的单位或个人。

（五）对从事公益性岗位就业、辅助性就业、灵活就业，收入达不到当地最低工资标准、生活确有困难的残疾人的救济补助。

（六）促进残疾人就业和保障困难残疾人生活、重度残疾人护理支出。

（七）经地方人民政府及其财政部门批准用于支持残疾人事业发展的其他支出。

第二十二条　各级残疾人联合会所属残疾人就业服务机构的正常经费开支，由同级财政预算统筹安排。

第二十三条　各级要积极推行政府购买服务，按照有关制度规定选择符合要求的公办、民办等各类就业服务机构，承接残疾人职业培训、职业教育、职业康复、就业服务和就业援助等工作。

第二十四条　各级残疾人联合会、财政部门应当按照政府预决算公开要求，每年向社会公布残疾人事业相关支出情况，接受社会监督。

第四章　监督管理

第二十五条　单位和个人违反本办法规定，有下列情形之一的，依照《中华人民共和国预算法》和《财政违法行为处罚处分条例》（国务院令第 427 号）、《违反行政事业性收费和罚没收入收支两条线管理规定行政处分暂行规定》（国务院令第 281 号）等有关规定严肃追究责任；涉嫌犯罪的，依法移交司法机关处理：

（一）擅自减免保障金或者改变保障金征收范围、对象和标准的。

（二）隐瞒、坐支应当上缴的保障金的。

（三）滞留、截留、挪用应当上缴的保障金的。

（四）不按照规定的预算级次、预算科目将保障金缴入国库的。

（五）违反规定使用保障金的。

（六）其他违反国家财政收入管理规定的行为。

第二十六条　用人单位未按规定缴纳保障金的，按照国务院《残疾人就业条例》规定，由保障金征收机关提交财政部门，由财政部门予以警告，责令限期缴纳；逾期仍不缴纳的，除补缴欠缴数额外，还应当自欠缴之日起，按日加收 5‰的滞纳金。滞纳金按照保障金入库预算级次缴入国库。

第二十七条　保障金征收、使用管理有关部门的工作人员违反本办法规定，在保障金征收和使用管理工作中滥用职权、玩忽职守、徇私舞弊的，依法给予处分；涉嫌犯罪的，依法移送司法机关。

第五章　附　则

第二十八条　条各设区市可根据本办法制定具体实施细则。

第二十九条　条本办法由省财政厅会同省税务部门、省残联负责解释。

第三十条　本办法自 2018 年 7 月 15 日起施行，有效期至 2021 年 7 月 14 日 [1]。省残联、省地税局、省财政厅、中国人民银行济南分行《关于印发〈山东省残疾人就业保障金征收管理办法〉的通知》（鲁残联教就字〔2004〕40 号）同时废止。

附录 7　机关、事业单位、国有企业带头安排残疾人就业办法

第一章　总　则

第一条　【依据】为促进机关、事业单位、国有企业带头安排残疾人就业，根据《中华人民共和国公务员法》、《中华人民共和国残疾人保障法》、《事业单位人事管理条例》、《残疾人就业条例》、《无障碍环境建设条例》以及国家相关规定，制定本办法。

第二条　【适用范围】本办法适用于机关、事业单位、国有企业通过公开录用、遴选、选调、公开招聘等方法安排残疾人担任公务员、工作人员或职工。

第三条　【对用人单位的要求】机关、事业单位、国有企业应当积极采取措施，按比例安排残疾人就业，依法办理入职手续或签订劳动（聘用）合同；安排残疾人就业未达到规定比例的，应当依法采取缴纳残疾人就业保障金等其他方式履行法定义务。

第四条　【合理便利】国家或招录（聘）机关（单位）举办的各类录用、遴选、选调、招聘、职业资格考试（包括笔试、面试等），有残疾人参加的，应当采取适当措施，为残疾人提供必要支持条件与合理便利。机关、事业单位、国有企业应当对就业场所进行无障碍环境改造，为残疾人就业创造必要的劳动保障条件。

---

[1] 根据《山东省财政厅关于 2021 年规范性文件清理结果的公告》，本文执行期限延长至 2026 年 5 月 31 日。——作者

第五条 【"十四五"规划目标】到 2025 年，安排残疾人就业未达到规定比例的省级、地市级编制 50 人（含）以上的党政机关至少安排 1 名残疾人，编制 67 人（含）以上的事业单位（中小学、幼儿园除外）至少安排 1 名残疾人就业。县级及以上残联机关干部队伍中要有 15% 以上的残疾人。安排残疾人就业未达到规定比例的国有企业应当根据行业特点，积极开发适合残疾人就业的岗位，安排残疾人就业。

第六条 【原则性要求】在坚持具有正常履行职责的身体条件的前提下，对残疾人能够胜任的职位、岗位，在同等条件下优先录（聘）用残疾人。

第二章 安排计划与招考（聘）公告

第七条 【招录公告】机关、事业单位、国有企业制定的招录（聘）计划，公务员主管部门、事业单位及其主管部门、事业单位人事综合管理部门制定、发布的招考招聘公告，除特殊职位、岗位外，不得设置限制残疾人报考的资格条件。限制残疾人报考的特殊职位、岗位，公务员主管部门、事业单位人事综合管理部门、国有资产监督管理部门应会同同级残联予以充分论证后发布。

第八条 【安排计划的拟定】符合本办法第五条规定的机关、事业单位未安排残疾人就业的，应当拟定一定期限内达到招录（聘）残疾人规定的具体计划，采取专设职位、岗位面向残疾人招录（聘）等措施，多渠道、多形式安排残疾人，确保按时完成规定目标。国有企业安排残疾人就业未达到规定比例的，在有适合岗位的情况下，应当在招聘计划中单列一定数量的岗位，根据规定的原则和程序定向招聘符合要求的残疾人。

第九条 【定向招录】机关、事业单位、国有企业专设残疾人职位、岗位招录（聘）时，公务员主管部门、事业单位人事综合管理部门、国有资产监督管理部门可以给予适当放宽开考比例、年龄、户籍等倾斜政策。

第十条 【安排计划的落实】机关、事业单位招录（聘）残疾人就业的计划按有关规定报送主管部门。未能按招录（聘）计划及时安排残疾人就业的，应当及时提出新的招录（聘）计划。

第三章　考　试

第十一条　【合理便利申请】残疾人参加招录（聘）、职业资格考试（包括笔试、面试等），确需安排无障碍考场，提供特殊辅助工具，采用大字试卷、盲文试卷、电子试卷或由专门工作人员予以协助等合理便利的，经残疾人本人申请，由考试主管或组织单位会同同级残联审核确认，各级残联应当协助考试组织单位提供技术和人员支持。

第十二条　【能力测评的特殊规定】机关、事业单位、国有企业专设职位、岗位招录（聘）残疾人的，可以采取适合的考试方法进行测评。

第四章　体检与考察

第十三条　【体检标准的制定】省级及以下机关、事业单位面向残疾人招录（聘）的职位、岗位体检条件由省级公务员主管部门、事业单位人事综合管理部门会同同级有关部门确定。残疾人进入机关、事业单位、国有企业就业，需要职业资格证书的，不得额外增加与职位、岗位要求无关的身体条件要求。

第十四条　【体检信息填报】残疾人有权保护个人隐私，机关、事业单位、国有企业在审核报考人信息时，不得以残疾本身作为是否健康的依据。除明确要求外，不得以残疾人未主动说明残疾状况作为拒绝录（聘）用的理由。

第十五条　【考察】招录（聘）机关（单位）按照有关规定对专项职位、岗位招录（聘）的残疾人报考资格进行复审时，分别由同级残联、退役军人事务部门协助核验残疾人证、残疾军人证信息是否真实、准确。

第五章　公示与监督

第十六条　【招录公示与录用】机关、事业单位、国有企业面向残疾人招录（聘）的，按有关规定进行公示后，除规定不得录（聘）用的情形和发现有其他影响录（聘）用问题外，不得拒绝录（聘）用。

第十七条 【按比例就业公示】公务员主管部门、事业单位人事综合管理部门、国有资产监督管理部门应当按照有关规定协助开展机关、事业单位、国有企业安排残疾人就业情况定期公示工作。

第十八条 【按比例就业年审提供情况】公务员主管部门、事业单位主管部门每年应当向同级政府残工委办公室提供当年录（聘）用残疾人情况，按照残疾人按比例就业年审工作相关要求，协助开展相关数据查询、比对、核实等工作。

第十九条 【残联责任】各级残联应当为机关、事业单位、国有企业招录（聘）残疾人在面试、体检、岗前培训、无障碍沟通等方面提供帮助和服务，向国有企业介绍和推荐适合人选，帮助其开发适合残疾人的岗位。

第二十条 【用人单位责任】机关、事业单位、国有企业未按比例安排残疾人就业，且未采取缴纳残疾人就业保障金等其它方式履行法定义务的，不能参评先进单位，其主要负责同志不能参评先进个人。

第二十一条 【国有企业责任】国有企业应当将安排残疾人就业情况纳入企业社会责任报告予以披露。

第二十二条 【个人责任】面向残疾人招录（聘）的职位、岗位，报考或申请人在报名时提供虚假残疾信息或证件（证明）的，一经查实，取消其报考及录（聘）用资格。

第二十三条 【救济】机关、事业单位、国有企业以不具备正常履职身体条件为由，拒绝招录（聘）进入体检环节的残疾人的，应当向主管部门、人事综合管理部门进行充分说明，并将有关情况通报同级残联。经核实残疾人合法权益受到侵犯的，依据有关规定和程序处理。

第六章　附　则

第二十四条 本办法所称机关，是指各级党的机关、人大机关、行政机关、政协机关、监察机关、审判机关、检察机关和各民主党派机关、群团机关；事业单位，是指国家为了社会公益目的，由国家机关举办或者其他组织利用国有资产举办的，从事教育、科技、文化、卫生等活动的社会服务组织；国有企业，是指国有、国有控股和国有资本占主导地位的企业。

第二十五条　本办法由中国残疾人联合会商中共中央组织部、中央机构编制委员会办公室、人力资源和社会保障部、国务院国有资产监督管理委员会等负责解释。

第二十六条　本办法自发布之日起施行。

附录8　国务院办公厅关于进一步优化营商环境更好服务市场主体的实施意见

国办发〔2020〕24号

各省、自治区、直辖市人民政府，国务院各部委、各直属机构：

党中央、国务院高度重视深化"放管服"改革优化营商环境工作。近年来，我国营商环境明显改善，但仍存在一些短板和薄弱环节，特别是受新冠肺炎疫情等影响，企业困难凸显，亟需进一步聚焦市场主体关切，对标国际先进水平，既立足当前又着眼长远，更多采取改革的办法破解企业生产经营中的堵点痛点，强化为市场主体服务，加快打造市场化法治化国际化营商环境，这是做好"六稳"工作、落实"六保"任务的重要抓手。为持续深化"放管服"改革优化营商环境，更大激发市场活力，增强发展内生动力，经国务院同意，现提出以下意见。

一、持续提升投资建设便利度

（一）优化再造投资项目前期审批流程。从办成项目前期"一件事"出发，健全部门协同工作机制，加强项目立项与用地、规划等建设条件衔接，推动有条件的地方对项目可行性研究、用地预审、选址、环境影响评价、安全评价、水土保持评价、压覆重要矿产资源评估等事项，实行项目单位编报一套材料，政府部门统一受理、同步评估、同步审批、统一反馈，加快项目落地。优化全国投资项目在线审批监管平台审批流程，实现批复文件等在线打印。（国家发展改革委牵头，国务院相关部门及各地区按职责分工负责）

（二）进一步提升工程建设项目审批效率。全面推行工程建设项目分级分类管理，在确保安全前提下，对社会投资的小型低风险新建、改扩建项目，由政府部门发布统一的企业开工条件，企业取得用地、满足开工条件后作出相关承诺，政府部门直接发放相关证书，项目即可开工。加快推动工程建设项目全流程在线审批，推进工程建设项目审批管理系统与投资审批、规划、消防等管理系统数据实时共享，实现信息一次填报、材料一次上传、相关评审意见和审批结果即时推送。2020年底前将工程建设项目审批涉及的行政许可、备案、评估评审、中介服务、市政公用服务等纳入线上平台，公开办理标准和费用。（住房城乡建设部牵头，国务院相关部门及各地区按职责分工负责）

（三）深入推进"多规合一"。抓紧统筹各类空间性规划，积极推进各类相关规划数据衔接或整合，推动尽快消除规划冲突和"矛盾图斑"。统一测绘技术标准和规则，在用地、规划、施工、验收、不动产登记等各阶段，实现测绘成果共享互认，避免重复测绘。（自然资源部牵头，住房城乡建设部等国务院相关部门及各地区按职责分工负责）

二、进一步简化企业生产经营审批和条件

（四）进一步降低市场准入门槛。围绕工程建设、教育、医疗、体育等领域，集中清理有关部门和地方在市场准入方面对企业资质、资金、股比、人员、场所等设置的不合理条件，列出台账并逐项明确解决措施、责任主体和完成时限。研究对诊所设置、诊所执业实行备案管理，扩大医疗服务供给。对于海事劳工证书，推动由政府部门直接受理申请、开展检查和签发，不再要求企业为此接受船检机构检查，且不收取企业办证费用。通过在线审批等方式简化跨地区巡回演出审批程序。（国家发展改革委、教育部、住房城乡建设部、交通运输部、商务部、文化和旅游部、国家卫生健康委、体育总局等国务院相关部门及各地区按职责分工负责）

（五）精简优化工业产品生产流通等环节管理措施。2020年底前将保留的重要工业产品生产许可证管理权限全部下放给省级人民政府市场监督管理部门。加强机动车生产、销售、登记、维修、保险、报废等信息的共享和应用，提升机动车流通透明度。督促地方取消对二手车经销企业登记注册地设置的不合理规定，简化二手车经销企业

购入机动车交易登记手续。2020 年底前优化新能源汽车免征车辆购置税的车型目录和享受车船税减免优惠的车型目录发布程序，实现与道路机动车辆生产企业及产品公告"一次申报、一并审查、一批发布"，企业依据产品公告即可享受相关税收减免政策。（工业和信息化部、公安部、财政部、交通运输部、商务部、税务总局、市场监管总局、银保监会等国务院相关部门按职责分工负责）

（六）降低小微企业等经营成本。支持地方开展"一照多址"改革，简化企业设立分支机构的登记手续。在确保食品安全前提下，鼓励有条件的地方合理放宽对连锁便利店制售食品在食品处理区面积等方面的审批要求，探索将食品经营许可（仅销售预包装食品）改为备案，合理制定并公布商户牌匾、照明设施等标准。鼓励引导平台企业适当降低向小微商户收取的平台佣金等服务费用和条码支付、互联网支付等手续费，严禁平台企业滥用市场支配地位收取不公平的高价服务费。在保障劳动者职业健康前提下，对职业病危害一般的用人单位适当降低职业病危害因素检测频次。在工程建设、政府采购等领域，推行以保险、保函等替代现金缴纳涉企保证金，减轻企业现金流压力。（市场监管总局、中央网信办、工业和信息化部、财政部、住房城乡建设部、交通运输部、水利部、国家卫生健康委、人民银行、银保监会等相关部门及各地区按职责分工负责）

三、优化外贸外资企业经营环境

（七）进一步提高进出口通关效率。推行进出口货物"提前申报"，企业提前办理申报手续，海关在货物运抵海关监管作业场所后即办理货物查验、放行手续。优化进口"两步申报"通关模式，企业进行"概要申报"且海关完成风险排查处置后，即允许企业将货物提离。在符合条件的监管作业场所开展进口货物"船边直提"和出口货物"抵港直装"试点。推行查验作业全程监控和留痕，允许有条件的地方实行企业自主选择是否陪同查验，减轻企业负担。严禁口岸为压缩通关时间简单采取单日限流、控制报关等不合理措施。（海关总署牵头，国务院相关部门及各地区按职责分工负责）

（八）拓展国际贸易"单一窗口"功能。加快"单一窗口"功能由口岸通关执法向口岸物流、贸易服务等全链条拓展，实现港口、船代、理货等收费标准线上公开、在线查询。除涉密等特殊情况外，进出口环节涉及的监管证件原则上都应通过"单一窗口"一口受理，由相关部门在后台分别办理并实施监管，推动实现企业在线缴费、自主打印证件。（海关总署牵头，生态环境部、交通运输部、农业农村部、商务部、市场监管总局、国家药监局等国务院相关部门及各地区按职责分工负责）

（九）进一步减少外资外贸企业投资经营限制。支持外贸企业出口产品转内销，推行以外贸企业自我声明等方式替代相关国内认证，对已经取得相关国际认证且认证标准不低于国内标准的产品，允许外贸企业作出符合国内标准的书面承诺后直接上市销售，并加强事中事后监管。授权全国所有地级及以上城市开展外商投资企业注册登记。（商务部、市场监管总局等国务院相关部门及各地区按职责分工负责）

四、进一步降低就业创业门槛

（十）优化部分行业从业条件。推动取消除道路危险货物运输以外的道路货物运输驾驶员从业资格考试，并将相关考试培训内容纳入相应等级机动车驾驶证培训，驾驶员凭培训结业证书和机动车驾驶证申领道路货物运输驾驶员从业资格证。改革执业兽医资格考试制度，便利兽医相关专业高校在校生报名参加考试。加快推动劳动者入职体检结果互认，减轻求职者负担。（人力资源社会保障部、交通运输部、农业农村部等国务院相关部门及各地区按职责分工负责）

（十一）促进人才流动和灵活就业。2021 年 6 月底前实现专业技术人才职称信息跨地区在线核验，鼓励地区间职称互认。引导有需求的企业开展"共享用工"，通过用工余缺调剂提高人力资源配置效率。统一失业保险转移办理流程，简化失业保险申领程序。各地要落实属地管理责任，在保障安全卫生、不损害公共利益等条件下，坚持放管结合，合理设定流动摊贩经营场所。（人力资源社会保障部、市场监管总局、住房城乡建设部等国务院相关部门及各地区按职责分工负责）

（十二）完善对新业态的包容审慎监管。加快评估已出台的新业态准入和监管政策，坚决清理各类不合理管理措施。在保证医疗安全和质量前提下，进一步放宽互联网诊疗范围，将符合条件的互联网医疗服务纳入医保报销范围，制定公布全国统一的互联网医疗审批标准，加快创新型医疗器械审评审批并推进临床应用。统一智能网联汽车自动驾驶功能测试标准，推动实现封闭场地测试结果全国通用互认，督促封闭场地向社会公开测试服务项目及收费标准，简化测试通知书申领及异地换发手续，对测试通知书到期但车辆状态未改变的无需重复测试、直接延长期限。降低导航电子地图制作测绘资质申请条件，压减资质延续和信息变更的办理时间。（工业和信息化部、公安部、自然资源部、交通运输部、国家卫生健康委、国家医保局、国家药监局等国务院相关部门及各地区按职责分工负责）

（十三）增加新业态应用场景等供给。围绕城市治理、公共服务、政务服务等领域，鼓励地方通过搭建供需对接平台等为新技术、新产品提供更多应用场景。在条件成熟的特定路段及有需求的机场、港口、园区等区域探索开展智能网联汽车示范应用。建立健全政府及公共服务机构数据开放共享规则，推动公共交通、路政管理、医疗卫生、养老等公共服务领域和政府部门数据有序开放。（国家发展改革委牵头，中央网信办、工业和信息化部、公安部、民政部、住房城乡建设部、交通运输部、国家卫生健康委等相关部门及各地区按职责分工负责）

五、提升涉企服务质量和效率

（十四）推进企业开办经营便利化。全面推行企业开办全程网上办，提升企业名称自主申报系统核名智能化水平，在税务、人力资源社会保障、公积金、商业银行等服务领域加快实现电子营业执照、电子印章应用。放宽小微企业、个体工商户登记经营场所限制。探索推进"一业一证"改革，将一个行业准入涉及的多张许可证整合为一张许可证，实现"一证准营"、跨地互认通用。梳理各类强制登报公告事项，研究推动予以取消或调整为网上免费公告。加快推进政务服务事项跨省通办。（市场监管总局、国务院办公厅、司法部、人力资源社会保障部、住房城乡建设部、人民银行、税务总局、银保监会、证监会等国务院相关部门及各地区按职责分工负责）

（十五）持续提升纳税服务水平。2020年底前基本实现增值税专用发票电子化，主要涉税服务事项基本实现网上办理。简化增值税等税收优惠政策申报程序，原则上不再设置审批环节。强化税务、海关、人民银行等部门数据共享，加快出口退税进度，推行无纸化单证备案。（税务总局牵头，人民银行、海关总署等国务院相关部门按职责分工负责）

（十六）进一步提高商标注册效率。提高商标网上服务系统数据更新频率，提升系统智能检索功能，推动实现商标图形在线自动比对。进一步压缩商标异议、驳回复审的审查审理周期，及时反馈审查审理结果。2020 年底前将商标注册平均审查周期压缩至 4 个月以内。（国家知识产权局负责）

（十七）优化动产担保融资服务。鼓励引导商业银行支持中小企业以应收账款、生产设备、产品、车辆、船舶、知识产权等动产和权利进行担保融资。推动建立以担保人名称为索引的电子数据库，实现对担保品登记状态信息的在线查询、修改或撤销。（人民银行牵头，国家发展改革委、公安部、交通运输部、市场监管总局、银保监会、国家知识产权局等国务院相关部门按职责分工负责）

六、完善优化营商环境长效机制

（十八）建立健全政策评估制度。研究制定建立健全政策评估制度的指导意见，以政策效果评估为重点，建立对重大政策开展事前、事后评估的长效机制，推进政策评估工作制度化、规范化，使政策更加科学精准、务实管用。（国务院办公厅牵头，各地区、各部门负责）

（十九）建立常态化政企沟通联系机制。加强与企业和行业协会商会的常态化联系，完善企业服务体系，加快建立营商环境诉求受理和分级办理"一张网"，更多采取"企业点菜"方式推进"放管服"改革。加快推进政务服务热线整合，进一步规范政务服务热线受理、转办、督办、反馈、评价流程，及时回应企业和群众诉求。（国务院办公厅牵头，国务院相关部门和单位及各地区按职责分工负责）

（二十）抓好惠企政策兑现。各地要梳理公布惠企政策清单，根据企业所属行业、规模等主动精准推送政策，县级政府出台惠企措施时要公布相关负责人及联系方式，实行政策兑现"落实到人"。鼓励推行惠企政策"免申即享"，通过政府部门信息共享等方式，实现符合条件的企业免予申报、直接享受政策。对确需企业提出申请的惠企政策，要合理设置并公开申请条件，简化申报手续，加快实现一次申报、全程网办、快速兑现。（各地区、各部门负责）各地区、各部门要认真贯彻落实本意见提出的各项任务和要求，围绕市场主体需求，研究推出更多务实管用的改革举措，相关落实情况年底前报国务院。有关改革事项涉及法律法规调整的，要按照重大改革于法有据的要求，抓紧推动相关法律法规的立改废释。国务院办公厅要加强对深化"放管服"改革和优化营商环境工作的业务指导，强化统筹协调和督促落实，确保改革措施落地见效。

国务院办公厅

2020 年 7 月 15 日

附录 9　山东省"创业齐鲁"行动方案（2024—2026 年）

为全面落实党中央、国务院关于完善促进创业带动就业保障制度的决策部署，进一步激发全社会创新创业创造活力，根据省委、省政府建设高质量充分就业强省工作要求，制定本行动方案。

一、总体要求

以习近平新时代中国特色社会主义思想为指导，全面贯彻党的二十大和二十届二中、三中全会精神，认真落实习近平总书记关于促进高质量充分就业的重要讲话精神和对山东工作的重要指示要求，坚定不移贯彻新发展理念，深入实施就业优先战略和创新驱动发展战略，因地制宜发展新质生产力，构建以创新促进创业、以创业带动就业的良好生态，健全有利于高质量充分就业的促进机制，为优化营商环境、实现全省经济社会高质量发展做出积极贡献。

二、主要目标

通过实施"创业齐鲁"行动，推动创业政策支持体系更加完善，创业平台功能发挥更加充分，创业人才集聚效应更加凸显，创业服务水平更加优化，创业带动就业动能持续释放，不断培育新的市场主体，创造新的就业岗位，让创业成为山东的时尚名片，为促进高质量充分就业提供有力支撑。到 2026 年，全省扶持创业 30 万人以上，带动就业 80 万人以上。

——每年培育专精特新企业 1000 家以上。

——每年培育"名特优新"个体工商户 1000 家左右。

——每年扶持高层次科技人才团队 100 个左右。

——每年普惠小微企业贷款余额同比增速不低于各项贷款增速，新发放创业担保贷款 150 亿元以上，新增个体工商户经营性贷款 500 亿元以上。

——年均征集创业创新赛事优质项目不少于 1500 个。

——每年举办各类创业促进活动不少于 1000 场。

三、主要任务

（一）实施创业市场环境"暖心计划"。

1. 持续打造一流创业环境。大力推进"高效办成一件事"，强化部门联动和信息共享，以企业信息变更、开办餐饮店、企业迁移登记等涉及企业 3 个"一件事"为重点，为创业主体提供集成化服务。推动公共创业服务下沉基层，深化"社区微业"三年行动，重点依托就业服务站等基层服务点，开展创业"一件事"打包联办服务。深化"一次办好""一网通办"集成改革，充分发挥"爱山东"政务服务平台集成办理功能，实现创业者"进一张网、办全省事"。（省市场监管局、省人力资源社会保障厅、省大数据局按职责分工负责）

2. 组织创业环境优化"揭榜挂帅"。深入开展创业环境优化"揭榜挂帅"活动，打造一批具有山东特色的创业环境创新引领区。聚焦"人才、产业、平台、资金、服务、环境"等要素，汇集发布创业服务资源。加强典型经验推介推广，常态化组织优化创业环境主题宣传活动。（省人力资源社会保障厅牵头，省发展改革委配合）

（二）实施创业重点领域"强链计划"。

3. 聚焦高科技领域引领创业。以"十大创新"为引领，着力完善科技创新体系，推进科技创新与产业创新深度融合，发展新质生产力。开展标志性产业链高质量发展等行动。聚焦元宇宙、人工智能、生命科学、未来网络等领域，实施 20 项左右前沿技术攻关项目，努力催生重大原创性、引领性成果。（省科技厅、省工业和信息化厅按职责分工负责）

4. 聚焦新型工业化引领创业。聚焦聚力工业经济"头号工程"，持续用好"链长制"工作机制。创新开展"十链百群万企"等系列融链固链专项行动，通过"线上＋线下"模式促进产业链上下游协作配套，叫响大中小企业融通发展"山东品牌"。（省工业和信息化厅牵头）

5. 聚焦产业集群化引领创业。推进创新创业集群化发展，立足县域特色优势产业，发挥龙头企业引领作用，吸引集聚一批优质中小微企业和创新创业团队，每年培育一批省级中小企业特色产业集群，力争国家级集群数量保持全国先进位次。（省工业和信息化厅牵头，省农业农村厅配合）

6. 鼓励支持新就业形态领域创业。鼓励创业者围绕交通出行、外卖配送等新就业形态领域开展创新创业。支持新就业形态劳动者参加社会保险，开展新就业形态就业人员职业伤害保障试点，实施超龄人员、实习学生等特定从业人员参加工伤保险政策。构建新就业形态劳动纠纷一站式多元联合调解工作模式。（省人力资源社会保障厅牵头）

（三）实施创业金融资本"护航计划"。

7. 优化金融服务助力创业。加大首贷、续贷、信用贷、中长期贷款投放，持续优化信贷结构，推动创业担保贷款等普惠小微贷款增量扩面。各市可结合实际扩大创业担保贷款贴息支持范围，提高贷款额度上限、贷款利率上限和贴息比例，所需贴息资金由各市财政部门自行承担。大力推广"创业提振贷"、创业担保贷款"政银担"模式。深入实施个体工商户金融伙伴育苗三年专项行动，开展个体工商户分型分类精准帮扶。（人民银行山东省分行、省委金融办、省人力资源社会保障厅、省财政厅、山东金融监管局、青岛金融监管局、省市场监管局按职责分工负责）

8. 引导天使投资助力创业。发挥省级政府引导基金带动天使投资示范作用，培育招引一批天使投资、创业投资机构。对天使基金，省级引导基金最高出资比例提高至40%，省、市、县级政府最高共同出资比例放宽至60%，对投资于省内种子期、初创期的科技型、创新型创业项目，省级引导基金在实缴出资收回后，可将全部收益让渡基金管理机构或其他出资人。（省财政厅牵头）

9. 支持创投风投助力创业。研究制定引导长期资本支持创业投资发展的政策措施，持续扩大"创投基金齐鲁行"品牌影响力，组织分区域、分产业、分赛道等投融资对接活动。到2025年，我省创业投资综合实力得到较大提升，省级创业投资集聚区达到10个以上，具有全国影响力的本地创业投资品牌领军企业达到30家以上。（省发展改革委牵头）

10. 健全补偿机制助力创业。试点开发"创业风险险"，支持引入社会资金，对创业失败人员给予社会化资金救助。完善山东省青年创业就业基金会功能，激励引导更多优秀青年群体投身创业。在有条件的市研究推出"创业券"，优化创业服务模式。（省人力资源社会保障厅、团省委按职责分工负责）

（四）实施创业领军人才"梧桐计划"。

11. 打造创业人才引育高地。深入实施人才兴鲁战略，推进人才链、教育链、产业链、创新链"四链"融合发展，聚焦优化"2+N"人才集聚雁阵格局，高水平创建济青吸引和集聚人才平台。实施青年人才集聚齐鲁行动，每年吸引青年人才不少于 70 万人。开通高层次人才预审服务"直通车"，形成专利预审服务高层次人才规范化工作流程，加快专利快速授权和成果转化。（省委组织部牵头，省科技厅、省教育厅、省人力资源社会保障厅、省市场监管局配合）

12. 培育科技人才创业场景。大力支持高等院校、科研院所专业技术人员兼职创新、在职创办企业、离岗创办企业、到企业工作或参与项目合作，在创新创业期间取得的相关工作业绩和成果等，作为其职称评审、岗位聘用、考核奖励、项目申报、评先树优等的重要依据。科研人员离岗创办企业的，3 年内保留其与原单位人事关系，期满后可申请延长 1 次，延长期限不超过 3 年。（省人力资源社会保障厅牵头，省教育厅、省科技厅配合）

13. 激发返乡人才创业活力。引导外出人才返乡、城市人才下乡创业，总结推广返乡创业工作经验，打造具有山东特色的返乡创业品牌。新建和提升改造一批返乡入乡创业园区，政府投资的安排不少于 30% 的场地，免费向返乡创业人员提供。持续落实新型职业农民职称制度。全面实施乡村振兴合伙人招募行动，每年遴选 100 名业绩贡献突出的合伙人，按照柔性引才有关政策规定分别给予 1 万元奖补，符合条件的纳入创业担保贷款支持。组织开展专家服务基层系列活动，让更多人才汇聚乡村。选树一批返乡创业典型，深入高校开展返乡创业宣讲，激发青年人才返乡创业热情。（省发展改革委、省农业农村厅、省人力资源社会保障厅、省财政厅按职责分工负责）

14. 拓展青年人才创业空间。加强高校创新创业教育课程和实践平台建设，鼓励高校与行业企业建立校外创新创业实践教学基地。每年遴选 4000 个左右大学生创新创业训练计划项目给予重点支持。高质量举办山东人才创新发展大会暨"海洽会"，开展"名校人才直通车"活动。（省委组织部、省教育厅、省人力资源社会保障厅、团省委按职责分工负责）

（五）实施创业平台载体"筑巢计划"。

15. 争创国家级创新创业平台。加大高新技术产业创新载体培育支持力度，新升级为全国重点实验室、国家技术创新中心、产业创新中心、制造业创新中心等重大科技创新平台的，省级科技创新发展资金按规定给予经费支持。（省科技厅、省财政厅、省发展改革委、省工业和信息化厅按职责分工负责）

16. 推动省级平台提质发展。提升各类创业载体管理水平，扶持不同阶段创业主体发展壮大。支持建设一批就业导向突出、产训结合紧密的省市县三级公共实训基地，各市至少布局建设 1 个市级公共实训基地，加大对重点群体创业的保障力度。（省发展改革委、省人力资源社会保障厅按职责分工负责）

17. 创新培育一批创业街区。依托产业特色显著、青年创业者集聚、新业态消费场景丰富的街区，通过搭建创业赋能中心，到 2025 年底，在全省范围内试点建设 40 家省级创业街区，创新打造开放、多元、可持续的创业生态新领域。（省人力资源社会保障厅牵头）

18. 支持头部企业创办专业孵化器。支持省内头部企业成立创新创业中心等孵化器、加速器平台，通过产业链垂直孵化、飞地孵化等方式，带动优质项目孵化、优质企业加速。持续深化"黄河青创走廊"共建行动，在省级层面打造青创齐鲁大厦。（省工业和信息化厅、省科技厅、团省委按职责分工负责）

（六）实施创业能力素质"锻造计划"。

19. 强化创业培训赋能。加强创业培训规范化管理，出台山东省创业培训管理暂行办法和创业培训师资管理办法。不断提升企业家创新创业能力，全省年均培训民营企业家 10000 人以上，遴选 300 名左右优秀中青年企业家进行重点培养。每年完成高素质农民创业创新培训 5000 人以上。实施"青创培训赋能行动"，助力青年创业能力提升。（省人力资源社会保障厅、省工业和信息化厅、省农业农村厅、团省委按职责分工负责）

20. 强化创业导师服务。加强全省创业导师队伍建设，研究制定山东省创业导师管理办法。整合各部门创业导师资源，建立山东省创业导师资源库，试点建设创业导师工作室。广泛开展创业导师基层行公益活动，全省每年不少于 200 场次，帮助创业者解决经营中的疑难问题。（省人力资源社会保障厅牵头）

21. 促进中小微企业专精特新发展。完善支持"专精特新"企业成长发展的政策体系，

继续深化挖掘强基，推进中小企业升规纳统、梯度培育，不断提升培育质量，促进中小企业健康发展。（省工业和信息化厅牵头）

（七）实施创业文化生态"涵养计划"。

22. 培育新时代山东创业文化。积极弘扬和合与共、诚实守信、创新求变、义利天下等儒商品质。加强个体劳动者典型宣传，引领广大个体劳动者诚信经营、创新创业、回报社会，助力全省经济持续健康发展。（省人力资源社会保障厅、省市场监管局按职责分工负责）

23. 打造山东特色创业品牌。在全省打造"创业齐鲁"品牌，提升创业 IP 形象"喵小创"品牌影响力，广泛用于各类创业活动。各市至少培育 1 个具有影响力、叫得响的地区性创业品牌，形成"1+N"品牌矩阵。（省人力资源社会保障厅牵头）

24. 丰富多元创业赛事活动。高水平举办山东省创业大赛、高层次人才创业大赛、大学生创业创新大赛、退役军人创业创新大赛、青年创业创新大赛等赛事活动，储备优质创业项目，促进人才引进、项目对接、交流合作。（省人力资源社会保障厅、省委组织部、省科技厅、省教育厅、省退役军人厅、团省委按职责分工负责）

四、保障措施

（一）加强组织领导。各级各部门要高度重视，本行动方案涉及相关部门要加强工作会商，根据本行动方案确定的目标任务、政策措施和责任分工，结合实际抓好落实，协同推进行动方案实施。各级人力资源社会保障部门要充分发挥统筹协调作用，定期调度汇总方案实施进展情况，共同研究、协调解决工作中出现的问题，确保本行动方案有效实施。

（二）强化成效评估。各级各部门要将落实本行动方案情况纳入年度重点工作。在实施过程中，做好动态评估，及时发现新情况，确保责任到位、政策到位、措施到位。本行动方案实施完成之后，组织开展全面评估，总结推广经验和成功做法。

（三）抓好交流宣传。各级各部门要充分利用报刊、广播、电视等新闻媒体和网络新媒体，对本行动方案进行宣传报道。广泛宣传贯彻落实本行动方案的好举措、好经验、好做法，在全社会营造良好的创业氛围。

附录 10　山东省推进融资信用服务平台整合提升中小微企业融资便利水平的实施方案

为加大融资信用服务平台建设统筹力度，破解融资信用服务平台"重复建设""运行低效"、融资数据"多头对接""信息壁垒"等痛点问题，充分发挥信用信息应用价值，完善融资支持体系，提升中小微企业融资便利水平，结合山东省实际，制定本实施方案。

一、加快融资信用服务平台整合

（一）强化信用信息归集共享"总枢纽"建设。强化山东省公共信用信息平台的信用信息归集共享"总枢纽"功能，建立集中输出、精准匹配、按需服务和及时响应的运行机制，信用信息平台统一归集各类信用信息，根据需要向部门、金融平台和各市共享，打造向金融机构提供信用信息应用服务的数据底座、核心载体和统一接口，部门向金融机构提供的本领域信用信息服务不受此限制。（省发展改革委牵头，省大数据局等部门配合）

（二）加强融资平台统筹整合。省级只保留山东省综合金融服务平台，各有关部门管理的科创、农业、碳金融、投融资对接、公共资源交易等专业化融资平台原则上均入驻山东省综合金融服务平台，在不改变目前专业化平台运作情况和功能名称的前提下，将综合金融服务平台作为企业和金融机构注册的"统一入口"和结果反馈的"统一出口"。每市原则上只保留一个市级平台，县级平台原则上不予保留，确需保留的县级平台需 3 年内转型为服务农村经营主体、园区企业或其他特定领域主体的非综合性特色功能平台。整合后的平台应当具有唯一名称、唯一运营主体。（省发展改革委、省委金融办牵头，省科技厅、省工业和信息化厅、省农业农村厅、中国人民银行山东省分行、山东金融监管局、省公共资源交易中心等部门配合）

（三）实施一体化规范管理。建立全省融资平台一张网，所有保留的地方融资信用服务平台统一纳入国家和省一体化平台网络，实行清单式管理，由省发展改革委公布并适时更新，减少重复建设和资源闲置浪费。按照标准一致、全省共用的原则，按照国家要求统一平台管理规范和标准体系，统一数据服务模式，统一用户注册和信息授权，统一成效数据分析统计，实现企业融资的"一站服务"，发挥一体化规模集约效益。（省发展改革委、省委金融办牵头，省大数据局、中国人民银行山东省分行、山东金融监管局等部门配合）

（四）塑造全省统一的融资服务体系。按照"1+1+N"模式，形成省融资信用服务平台建设体系，即一个平台数据底座、一个全省统一的融资信用服务平台、N个行业专区和特色功能板块。以省公共信用信息平台作为平台数据底座，在整合公共数据基础上，进一步汇集商业、产业等领域数据，实现融资信用数据应接尽接。全面升级打造全省统一的融资信用服务平台，对接省内16市同类平台，覆盖全省中小微企业、个体工商户、新型农业经营主体等。围绕绿色、"三农"、科技、专精特新、重点项目、公共资源交易等不同场景，提供N个行业专区和特色功能模块，运用好金融伙伴机制，打造数字化综合金融服务生态。（省发展改革委、省委金融办、中国人民银行山东省分行牵头，省大数据局、省科技厅、省工业和信息化厅、省农业农村厅、山东金融监管局、省公共资源交易中心等部门配合）

二、加强信用信息归集共享

（五）提升信用信息归集共享的质量和范围。按照国家信用信息归集共享清单，加快推进重点领域信用信息归集。对于已在国家层面实现"总对总"共享的信息，省公共信用信息平台加强与全国信用信息共享平台的对接；对于明确由地方负责归集的社会保险、新型农业经营主体、水电燃气费等信息，落实主体责任，加大工作力度，确保按照国家信用信息共享清单规定的内容、方式等按时完成。根据金融机构的实际需求，进一步扩大信用信息归集共享范围。加强数据质量协同治理，不断提升信用信息共享质效。（省发展改革委牵头，省农业农村厅、省大数据局、省医保局、山东金融监管局、省税务局、国网山东电力等部门配合）

（六）建设省级金融主题数据库。探索建立省级金融主题数据库，以金融机构数据需求为导向，编制金融主题数据库信用信息归集共享清单，依法依规加大数据物理归集力度。建立数据利用成效反馈机制，定期向数据提供单位反馈数据使用情况及成效。（省发展改革委、省大数据局牵头，省委金融办、中国人民银行山东省分行、山东金融监管局等部门配合）

（七）完善信息查询服务。各级融资信用服务平台要按照公益性原则依法依规向金融机构提供信息推送、信息查询、信用报告查询等服务，扩大信用信息查询范围，提高信用报告质量。支持各级融资信用服务平台根据实际需求，依法依规开展定制信用报告以及为信贷产品研发、贷后风险监测等提供信息服务和技术支持。（省发展改革委、中国人民银行山东省分行牵头）

（八）开展联合建模应用。加强隐私计算、区块链等新一代信息技术应用，鼓励有条件的地方与金融机构建立信用信息加工联合实验室，通过联合建模、"数据不出域"、构建"数据安全屋"等方式加强敏感数据开发应用，提升金融授信联合建模水平，实现数据"可用不可见"。（省发展改革委、省委金融办、中国人民银行山东省分行、山东金融监管局按照职责分工负责）

三、提升融资信用服务平台效能

（九）提升平台综合服务功能。坚持平台的公益性原则，提升平台的数字信用、贷款撮合、政策直达和融资增信功能，实施政府推送的融资项目"一口发布"，企业和金融机构"一口对接"，金融伙伴服务"一键直达"。全方位提升平台使用效能，在保证信息安全和贷款风险可控的前提下，实现授权文件自动传递、信用报告和共享数据自动调取、金融服务结果自动反馈。鼓励金融机构积极对接融资服务平台，探索推进全流程放款，不断提升金融服务质效。（省发展改革委、省委金融办、中国人民银行山东省分行、山东金融监管局按照职责分工负责）

（十）开展区域性个性化服务。鼓励各融资信用服务平台围绕本地主导产业开发特色功能模块，支持金融机构用好特色化信用信息，面向市场推出细分领域的金融产品和服务。丰富放贷和续贷方式，推广"信易贷""信易贴""信易保"等金融产品。加快推动农村信用体系建设，支持金融机构开发农户、新型农业经营主体专属的金融产品和服务，适度提高信用贷款比例。（省发展改革委、省委金融办、省农业农村厅、中国人民银行山东省分行、山东金融监管局按照职责分工负责）

（十一）推进与便民惠企平台的融汇贯通。充分利用公共资源交易平台、"免申即享"便民惠企政策的信用数据，让信用变"信贷"。发挥各级融资信用服务平台联通企业和金融机构优势，探索推动创业扶持、创新培育、支农支小等有关贴息贴费、补贴奖励、风险补偿等财政金融便民惠企政策通过平台直达中小微企业等经营主体。推动政府性融资担保机构入驻融资信用服务平台，优化流程，降低反担保要求，形成信贷担保闭环。（省发展改革委牵头，省科技厅、省工业和信息化厅、省财政厅、省人力资源社会保障厅、省农业农村厅、中国人民银行山东省分行等部门配合）

（十二）加强信息安全保障和信息主体权益保护。各级融资信用服务平台要完善平台对接、机构入驻、信息授权、信息归集、信息共享、数据安全等管理规范和标准体系，有效保障信息安全。接入机构要加强内部信息安全管理，严格遵守国家有关规定和融资信用服务平台信息管理要求，不得擅自变更获取信息的用途或使用范围。未经脱敏处理或信息主体明确授权，不得对外提供商业秘密或个人隐私信息，不得违法传播、泄露、出售有关信用信息。（省发展改革委牵头，省有关部门配合）

四、保障措施

省发展改革委要发挥牵头协调作用，会同省委金融办、省大数据局、中国人民银行山东省分行、山东金融监管局等部门加强工作配合，定期分析破解和推动解决平台整合提升和数据归集等方面的问题，进展情况及时向省政府报告。各市社会信用体系建设牵头部门负责统筹推进辖区内融资信用服务平台整合工作，在2024年12月底前完成各市平台整合，有序做好资产划转、数据移交、人员安置等工作，确保整合期间融资平台服务功能不受影响。各市要对地方融资信用服务平台建设和整合予以合理保障，建立市场化风险分担补偿机制，合理分担信用风险。鼓励各市制定支持信用融资的激励政策，对成效明显的融资信用服务平台或者通过融资信用服务平台帮助中小微企业实现融资的金融机构予以适当激励。